Diálogos Makii

Diálogos Makii

de Francisco Alves de Souza

Manuscrito de uma congregação
católica de africanos Mina, 1786

Mariza de Carvalho Soares (ORG.)

Copyright da apresentação, posfácio e notas
© 2019 Mariza de Carvalho Soares

CHÃO EDITORA
EDITORA Marta Garcia
EDITOR-ADJUNTO Carlos A. Inada

CAPA, PROJETO GRÁFICO E DIAGRAMAÇÃO Mayumi Okuyama
PRODUÇÃO GRÁFICA Lilia Góes
PREPARAÇÃO Carlos A. Inada
REVISÃO Cláudia Cantarin e Isabel Cury
PESQUISA ICONOGRÁFICA Mariza de Carvalho Soares e Ana Laura Souza
TRATAMENTO DE IMAGENS Wagner Fernandes

DADOS INTERNACIONAIS DE CATALOGAÇÃO NA PUBLICAÇÃO (CIP)
(CÂMARA BRASILEIRA DO LIVRO, SP, BRASIL)

Diálogos Makii de Francisco Alves de Souza : manuscrito de
   uma congregação católica de africanos Mina, 1786 / Mariza de
   Carvalho Soares (org.). — São Paulo : Chão Editora, 2019.

   Bibliografia
   ISBN 978-65-80341-01-6

   1. Diálogos   2. Diáspora africana – Brasil   3. Escravidão –
Brasil – História   4. Igreja Católica – Brasil   5. Manuscritos – Brasil
– Século 18   I. Soares, Mariza de Carvalho.

19-27117   CDD-981

Índices para catálogo sistemático
1. Diálogos : Transcrição : Manuscrito Makii : Africanos escravizados :
Brasil : História 981
Maria Paula C. Riyuzo – Bibliotecária – CRB-8/7639

Grafia atualizada segundo as regras do Acordo Ortográfico da Língua
Portuguesa (1990), em vigor no Brasil desde 1.º de janeiro de 2009.

chão editora ltda.
Avenida Vieira de Carvalho, 40 — cj. 2
CEP 01210-010 — São Paulo — SP
Tel +55 11 3032-3726
editora@chaoeditora.com.br
www.chaoeditora.com.br

Sumário

7   Apresentação

13   MANUSCRITO MAKII

111   Posfácio
163   Cronologia da Congregação Makii
169   Fontes e bibliografia

Anexos
179   *Escritura de alforria e carta de liberdade de Ignacio Mina* (1757)
181   *Testamento de Ignacio Gonçalves do Monte* (1763)
190   *Habilitação matrimonial de Francisco Alves e Rita Sebastiana* (1777)
194   *Compromisso da Confraria de Nossa Senhora dos Remédios da Capela de Santa Efigênia, Rio de Janeiro* (1788)

210   Notas
234   Créditos das ilustrações
237   Agradecimentos

Apresentação

O manuscrito aqui publicado pertence à Seção de Manuscritos da Biblioteca Nacional e é registrado como composto de 69 folhas, em papel e letra do século xviii. Não existe registro de entrada do documento, de modo que foi impossível recuperar os caminhos por ele seguidos desde as mãos de seu autor até nós. Ao longo de sua permanência na Biblioteca Nacional teve dois números de registro: 5, 3, 12 (antigo) e bn(ma) 9, 3, 11 (atual).[1] O documento traz ainda o número 11 447, relativo à sua inclusão no *Catálogo da exposição de História do Brasil*, de 1882, no qual aparece como documento sem data, com letra do século xviii, cópia in-fólio de 69 folhas numeradas. As folhas estão numeradas no canto superior direito de 1 a 50, mas a partir da folha 56 a numeração é descontinuada, voltando ao 36. O conjunto do documento corresponde a um total de setenta folhas.

O manuscrito está dividido em dois diálogos: o primeiro narra a conflituosa eleição de Francisco Alves de Souza como regente da Congregação Makii e transcreve o estatuto de uma devoção às Almas de 1786 (da folha 1 à 46); o segundo narra a conquista portuguesa da África ocidental e copia um roteiro de navegação da Costa da Mina (da folha 47 à 70). A proibição de impressão de livros e periódicos no Brasil pela Coroa portuguesa fazia com que, à parte os impressos importados, os textos produzidos localmente circulassem sob a forma de manuscritos, em várias cópias, destinadas à leitura privada e pública. A transcrição aqui apresentada foi feita a partir de uma dessas cópias. Pela datação estimada no *Catálogo*, trata-se de uma cópia de época e não há notícias de que o original ou outras cópias tenham sido localizados. O *caput* do manuscrito informa o título (*Regra ou estatutos por modo de um diálogo...*) e o autor (Francisco Alves de Souza) é identificado como homem "preto", africano escravizado, vindo da Costa da Mina, na África ocidental. Com base no manuscrito e em documentação complementar, é possível confirmar a autoria de Francisco Alves de Souza, e os anos entre 1784 e 1788 como o período de escrita do documento, possivelmente 1786.

A primeira transcrição desse manuscrito foi feita em 1994-95 por Luciana Gandelman, então minha assistente de pesquisa. Ao longo dos anos publiquei uma série de textos nos quais faço uso do manuscrito. Para a presente edição, foi feita uma cuidadosa revisão da transcrição e foram adotados critérios para sua modernização, visando facilitar a compreensão pelo leitor desta coleção. A ortografia foi atualizada (conservando, no entanto, grafias pouco usadas mas ainda dicionarizadas) e a pontuação foi mantida sempre que não prejudicava a compreensão. Também para facilitar a leitura, foram corrigidos alguns erros de sintaxe e adotados os padrões editoriais atuais (por exemplo, no uso de maiúsculas e minúsculas e na grafia de numerais).[2] A numeração das folhas dos manuscritos está indicada na margem das transcrições deste livro.

Pelo uso da forma dialógica, o Manuscrito Makii é uma novidade do ponto de vista literário; é uma novidade do ponto de vista linguístico, porque mostra um texto do século XVIII que reproduz o modo de escrever de segmentos menos letrados. Por fim, é uma novidade também do ponto de vista histórico, por apresentar a perspectiva de um grupo de africanos escravizados sobre seu dramático processo de conversão ao catolicismo. Sua divulgação ajuda a desfazer o equívoco de que todos os escravos eram analfabetos e desempenhavam tarefas de trabalho pesado e sem nenhuma qualificação. Essas condições foram impostas à maioria das pessoas escravizadas no Brasil e em toda a América, mas algumas delas, mesmo ainda restritas a um universo subalterno, conseguiram romper barreiras e construir espaços de liberdade e iniciativas de protagonismo que não podem ser ignorados.

O nome do povo Makii tem recebido várias grafias ao longo do tempo e dependendo da língua utilizada. Para esta publicação, foi necessário fazer uma opção: escolher uma das grafias encontradas em documentos do Brasil e de Portugal no século XVIII (Maki, Makii, Makim, Maquim, Maqui, Maí); recorrer à grafia fonética ("maxi"); ou adotar a grafia francesa usada no próprio Benim francofônico atual, que carrega forte marca colonial ("Mahi"). De posse do instrumental da língua portuguesa, o autor do diálogo escrevia Maki, Makii, Maquii, Makim e Makino. Para efeitos de padronização optei pela grafia Makii.[3]

Mariza de Carvalho Soares

Regra ou Estatutos por modo de Hum Dialo
go onde se dá noticia das Caridades e Sufragauens das Al
mas que uzam os prettos Minnas, com seus Nacionaes
no Estado do Brazil, expecialmente no Rio de Janeiro,
onde se hão de reger, e governarem, fora de todo o abuzo
gentilico, e Superstiçioso. Composto por Francisco Alves de
Souza pretto, enatural do Reino de Makim, hum dos ma
is excelente, e potintados daquela orienda Costa da Minná.

Entre Locutores.

Francisco Alves de Souza Regente da
mesma Nação.

O Alferes, Gonçalo Cordeiro, Secretario da
mezma.

Souza.   He poçivel que minão? repousue
Livre das grandes amofinaçois destes meus pensamentos que afas
me importunão, a executar, em idioma portuguéis o que
Ho, que em o nosso melhor o faria.

Cordeiro.   Pois o que elles querem que tãinto o importunão?

Souza.   Querem que eu em melhor frazé, o explique, as regras
ou Estatutos do Titulo asima, e que seja Seis regente, po
rem receijo que por mal limada na Lingua portugueza
di cauzas a Critica aos Ignorantes, que reprouandas;
sabios nos desculpão as faltas que por ser dura das nosas

Folha de abertura do Diálogo Makii (1786). O apuro na caligrafia indica ser esta
uma cópia destinada à preservação do documento

Manuscrito Makii
BN (MA) 9, 3, 11

Regra ou estatutos por modo de um diálogo onde se dá no- [1 (1)]
tícias das caridades e sufragações das Almas, que usam os
pretos Minas, com seus nacionais no Estado do Brasil, espe-
cialmente no Rio de Janeiro, por onde se hão de regerem, e
governarem, fora de todo o abuso gentílico, e supersticioso; com-
posto por Francisco Alves de Souza, preto e natural do Reino de
Makii, um dos mais excelentes e potentados daquela oriunda
Costa da Mina.

Interlocutores
Francisco Alves de Souza, regente da mesma nação;
O alferes[1] Gonçalo Cordeiro, secretário da mesma.

Souza É possível que me não posso ver livre das grandes amo-
finações destes meus parentes que assaz me importunam, o

executar, em idioma português aquilo, que no nosso melhor o faria.

Cordeiro Pois o que eles querem que tanto o importunam?

Souza O querem que, eu em melhor frase o explique as regras, ou estatutos do título acima, e que seja seu regente. Porém receio que por mal limada na língua portuguesa dê causas a crítica aos ignorantes. Que os prudentes, sábios, nos desculpam as faltas que procedem das nossas naturezas.

Cordeiro Assim é mais como vossa mercê diz, que da parte dos prudentes sábios está desculpar faltas. Logo, ainda que não é português, o pode executar o que eles pedem, por duas razões: a primeira, pela desculpa dos prudentes; segunda pelo seu mestre, a natureza, que o dotou das prendas mais perspicazes, para o que eles pretendem.

Souza Tudo poderei fazer, visto as desculpas dos prudentes sábios, exceto o ser regente.

Cordeiro Não sei, qual seja a causa, por onde não queira ser o nosso regente, que me parece não ter razão.

Souza Razão diz vossa mercê que a não tenho, mas enquanto a mim parece-me que é tanta, que sobeja.

Cordeiro Poderá lhe assistir, muitas, porém sem embargo disso, pergunto: vossa mercê é católico e ama a Deus?

Souza Por afrontado, me teria, se a sua pergunta fosse feita por pessoa desconhecida, ao mesmo passo, que reflito, ser pelo senhor alferes Gonçalo Cordeiro, meu muito fiel e prezado amigo, a quem professei desde a minha infância, a mais íntima, e cordial amizade. Porque se bem colijo é o mesmo que perguntar se sou cristão.

Cordeiro Eu não sou capaz de desatender à pessoa de vossa mercê porque, antevendo a boa harmonia, e correspondências, da amizade que entre nós, observamos, não dava lugar, para o ingrato procedimento da falta de atendíveis preceitos, em que sou devedor ao senhor Francisco Alves de Souza, de quem confesso ser, fiel amigo. Mas o perguntar-lhe, era para no fim o convencer.

Souza Desejo ouvir a sua proposta.

Cordeiro Ouça vossa mercê.

Souza Estou atento, diga tudo quanto quiser, que de boa vontade o ouvirei, tanto que não for cousa de ofensa de Deus.

Cordeiro Se vossa mercê ama a Deus, como deixa de amar aos seus próximos? Por que estes nossos parentes, que o procuram para vossa mercê os reger, e administrar, sufragar, as Almas, dos mesmos, quando falecem e usar, caridades, com os vivos não é, desacerto. Porque conhecem em vossa mercê toda a capacidade, perfeição, educação, que se faz a bem de ocupar o dito lugar. E não é muito de admirar que vossa mercê, em tempo do primeiro regente, em quem nós de tudo confiava, não fazia nada sem o seu beneplácito e conselho. E basta que quando, esteve doente, da moléstia, em que Deus o levou, entregou a vossa mercê a regência para não ficar dexaurida esta tão grande caridade. A razão do dito se mostra, é clara, porque assim, como não há fruto sem que tenha sua raiz, também se não pode haver do próximo amor, sem que proceda amor de Deus (entende-se isso falando catolicamente), deixando do amor profano, que aos cúmplices se tem cooperado em qualquer ofensa de Deus, que é caridade, impura, e falsificada a que fazemos ao nosso próximo; próprias conveniências, violando a obediência, que manda, o preceito divino. Racionavelmente, e só de Deus, é a vontade e regra certa de todas as virtudes. [espaço] E este preceito de amarmos ao próximo escreveu Deus, com o mesmo dedo, no princípio de toda Sua Santa Lei:

Diliges Dominum Deum tuum ex toto corde tuo et ex tota anima tua. Deut. 6: 5.[2]

Souza Muito folgo de ouvir falar do amor que devemos ter ao próximo, fundando-se esta questão no amor de Deus. E perdoe vossa mercê a minha desconfiança, pois cuidei, que não provaria a pergunta que me fez, e por isso me mostrei um tanto tedioso na sua especulação. Mas já vejo que as cousas não entendidas fazem suas confusões. [espaço] Mas oferece-se-me uma dúvida, tomara que vossa mercê me a resolvesse.

Cordeiro Qual será? Pois o desejo de satisfazer, com toda clareza e verdade, que merece o fio desta história, ajudando-nos Deus que é princípio e fim de todas as cousas; que a Ele nada Lhe é oculto. E só para servir a vossa mercê farei nisso muito gosto por saber da sua boa conduta.

Souza Muito obrigado a vossa mercê pela mercê, que me faz que não sou merecedor de tanta honra, o quanto lhe sou devedor. Pois, se vê que em mim há algum préstimo de Deus, vem, porque em mim não há capacidade alguma e nem cousa boa para que vossa mercê me dê os louvores que antes as tomo por lisonja, que é cousa que nunca gostei. Porque esta palavra de louvaminhas de mim sempre foram aborrecidas.

Cordeiro Ah, senhor, vossa mercê é muito desconfiado. Se eu o não conhecesse e o tratasse há tantos anos que somos amigos diria que era impertinente. Pois que quer que diga, que encubra as maravilhas que Deus obra por sua infinita misericórdia às suas criaturas?

Souza Senhor Gonçalo Cordeiro, não posso entender ou decifrar os méritos que vossa mercê diz [que] conhece em minha pessoa. Pois sei que sou um indigno e gusano preto, que além de não ter juízo algum, não saber distinguir o bem do mal, para vossa mercê fazer elogios tão relevantes, e nem sei como Deus me dá terra para poder pisar, pois conheço que tudo vem da Sua liberalíssima mão, não o merecendo eu como vil pecador.

Cordeiro Dizem os antigos e temos por tradição que louvores em boca própria é vitupério, assim o digo no presente. Caso que ninguém por mais grande que seja não lhe está bem o dizer bondade sua, e basta que os de fora o digam, assim o infiro. Porque quem não sabe nesta cidade o seu bom procedimento, quem ignora que vossa mercê, sendo nacional da Costa da Mina, compreende-se o ler e escrever tão dignamente? E o que faz mais caso, e espantar ao mundo, o contar bem. Que é notório que tem feito muitas contas a vários sujeitos de negócio nesta praça, até em irmandades. E para concisão, e maior crédito do que estou expondo, estar aceito em casa de seu amo há tantos anos, escrevendo com tanta atividade e lisura. Como se sabe é constante e notória a sua capacidade, verdade, juízo, inteireza, prudência. E isso não é nada, é um pau por um olho.

Souza Já não me atrevo com tantos elogios, o quanto vossa mercê me faz. E só lhe alembro que a cortesia é virtude de tantos quilates, que trazendo sua origem do céu e só em ânimos deputados para ela se exercita na terra.

Digo isto por tratar-me vossa mercê tão mimoso, cuidando que sou alguém e por não concorrer na pena de ingratidão o sofro. Lhe faço saber que tudo quanto diz da minha pessoa é bondade de Deus, vem, não lhe sendo merecedor, mas simplesmente sua infinita bondade e misericórdia. E deixemos de vaidades que é a causa de muitos irem para o Inferno, que haverão outros mais rústicos que melhor saibam e sejam de todos de maiores prendas. Que a Deus nada Lhe é impossível por ser donde emanam, digo por ser fonte de onde emanam, todas as sabedorias que muitas vezes dá a saber aos mais ínfimos idiotas para que sirvam de exemplo, e aproveitem no mundo, o que os grandes talentos não alcançam. Porque não bastam forças humanas, para poderem conhecer Seus divinos segredos, como consta de vários livros e lugares da Sagrada Escritura, João 15, 5: *Sine me nihil potestis facere.*[3]

Cordeiro Bem entendido fica o que vossa mercê diz dos elogios e aplausos, que se dão neste mundo, a respeito da sabedoria que, discretamente, aprova com a Sagrada Escritura, isto é, dos Livros e dos Seus lugares, o que que bem está. [espaço] Porém vejo em vossa mercê que é tudo para fugir com o corpo aos aplausos que merece, fazendo humilhação com atos de humildade a fim de não proteger e reger os nossos parentes, pois se desculpa com razões aparentes e frívolas. Não sei disso porque os pretinhos estão teimosos de não acharem, e nem quererem a outro senão a vossa mercê por seu regente.

Souza Pior é esta, pois cuidei que vossa mercê caía na razão do que lhe tenho exposto, e vejo que vossa mercê é o mais empenhado, fugindo do direito [espaço] não é fugir dos meus nacionais, mas sim livrar-me de abusos e superstições que entre eles poderão haver. E suposto que os pretos Mina nesta capital são tão briosos e tementes a Deus que não usem disso. Contudo, como os de Angola têm por costume tomarem da tumba da Santa Casa da Misericórdia os cadáveres de seus parentes, para os porem nas portas das igrejas, com cantigas gentílicas e supersticiosas, tirando esmola dos fiéis para os enterrarem, o que é constante nesta cidade, e por esta razão, os senhores brancos entenderam que todos os pretos usaram do mesmo, quer que seja Mina ou de Angola, e essa é a razão por que me eximo de reger e proteger os meus parentes.

Cordeiro Bem entendo a vossa mercê no princípio a causa do seu desvio. Mas como eu queria que vossa mercê mesmo desse a causa, e confessasse essa mesma razão, é o motivo por que tenho trabalhado neste ponto para o dissuadir deste pensamento. E se não tiver outro oculto em seu peito, por conhecer em vossa mercê escrúpulo, pois toda a pessoa que é escrupulosa é cheia de melancolia.

Souza Escrupuloso não sou, mas desejo que as minhas cousas sejam dirigidas ao bom fim, conformando-me com o que manda a Santa Madre Igreja Católica de Roma, ao que me sujeito, como também com o que manda a lei dos sereníssimos senhores reis de Portugal, de quem sou indigno vassalo, de não ir contra ela, em mesmíssimo ponto. E tenho dito.

8 (8)

Cordeiro Os pretos Mina, principalmente os que vêm daquela oriunda Costa e Reino de Makii, são tão briosos que nunca usaram de abusos, nem de superstições, como vossa mercê bem sabe. Em tempo algum foram acusados e punidos por semelhantes vícios, mas antes é bem notório que todos os que vêm daquela costa são fiéis a seus senhores e grandes católicos, como se vê nas igrejas desta cidade, entre homens e mulheres desta mesma nação. E não é fácil achar entre eles um com este escandaloso e pernicioso, com vício.

Souza Sou sabedor de tudo o que vossa mercê tem ponderado mas...!

Cordeiro Mas quê? Explique-se!

Souza Tenho-me explicado, e decifrado tudo.

Cordeiro Não seja importuno, e veja que há de morrer, ouça-me glórias, que hão de ser de tão pouca dura, para que é possuí-las? Vida que tão brevemente se acaba, para que é presá-la? Finalmente para que é fazer tanto apreço e estimação de uma exalação que desaparece de uma seta que rompe o ar e de uma ave que voa que não tem jazigo? E por isso, com muita razão, chamou Jó: a nossa vida, *quasi flos egreditur et conteritur*, capítulo 14: 2,[4] e em outro lugar (capítulo 7: 7) lhe chamou vento, *ventus est vita mea*,[5] e assim devemos cuidar sempre que todo este composto mortal há de vir a parar e reduzir-se em pó e cinza, *Quia pulvis es et in pulverem reverteris*, Gênesis 3: 19.[6]

Souza Ah, senhor. Espertou-me vossa mercê agora as potências desta Alma, com a lembrança da morte, que é o último fim em que havemos parar. E se não veja o que diz são Basílio, bispo da Capadócia, pelo filósofo gentio Eubolo, qual era a definição da filosofia. Respondeu que a primeira era o pensamento da morte. Ficou tão convencido o filósofo com esta resposta que logo se converteu à fé de Jesus Cristo Senhor Nosso, e é muito para considerar fazer uma só palavra tanto abalo em um gentio. Que farei eu, miserável pecador que desde a minha infância conheço a Sua Santíssima Fé e sou cristão pela graça de Deus, não tendo eu merecimentos nem de meu pai e nem de minha mãe? Ai! Que aqui está uma imagem retocada de Cristo Jesus Senhor Nosso pregado em uma cruz.

Décima ao Senhor crucificado[7]

Meu Jesus e meu Senhor,
Vós pregado nesse lenho sacrossanto
por me remir Vos sujeitastes a tanto.
Os meus grandes delitos Vos abandonaram
que estais exalando a própria vida.
Se no decurso de meu viver souber aproveitar
dessas gotas de sangue que Vos vejo lançar,
as minhas culpas chorarei qual outro Pedro,
e não como Judas que se fez esquerdo,
que da Vossa grande misericórdia desestimou.

Cordeiro Estimo muito de o ver tão absorto e devoto na consideração da morte e paixão do senhor belo. Agora quero ver se faz fruto esta lembrança. Senhor, os pretinhos estão à porta esperando pelo último desengano de sim ou de não.

Souza Deixe-me por agora, senhor Cordeiro, que não estou em termos de dar agora a resposta. Mas lembrado estou também da promessa que vossa mercê ontem me fez.

Cordeiro Qual é? Diga que o satisfarei!

Souza A respeito de amarmos o próximo que vossa mercê diz escreveu Deus com o Seu mesmo dedo, no princípio de toda a Sua Santa Lei. E são Paulo, escrevendo aos tessalonicenses, disse: *Deligitevos onnes Sicut Ego vos*, capítulo 6, Epístola 4.[8]

Cordeiro Senhor, não há dúvida que não deixa de ter fundamento o seu reparo. Por ser em matéria teológica especulativa que a mim me não pertence, mas vejo-me obrigado a responder-lhe com aquela lisura e satisfação da sua pergunta, explicando-me pelo termo seguinte, fundado na Sagrada Escritura.

O caso foi que depois de ter saído o povo de Israel do Egito, do cativeiro de faraó, e ter passado várias calamidades, vindo Moisés, por seu governador, livrando-os de muitos trabalhos e perigos, por especial favor de Deus, chegaram ao pé do monte Sinai no ano de 2453, depois da criação do mundo. Ao terceiro dia do mês de maio, ao amanhecer, que era aos 501, que faz 16 meses e 21 dias depois da saída do Egito. Aos 430 anos da promessa que Deus tinha feito a Abraão, começaram a sentir muitos e vários estrondos, resplendores e raios, e tocarem-se trombetas. E com grande luz, e claridades e fogo, abaixou Deus entre eles, em nuvens com todo este terrível estrépito, sobre o alto do monte Sinai. E chamando a Moisés, ao cume, e detendo ao povo no monte, digo ao pé do monte, e falando dentro, no fogo, ordenou e mandou estes dez mandamentos, escritos nas duas Tábuas da Lei, Êxodo: 19 & 20. Deut.: 5. [espaço] E deixo de dizer o mais que se contém nestes mandamentos porque vossa mercê muito bem sabe, e será prolixidade o referi-las pela brevidade com que vamos. E como se vai fazendo tarde, e tenho que fazer, adeus, até amanhã.

Souza Muito admirado estou do acerto com que vossa mercê aprovou o amarmos o próximo, e a Santa Lei que Deus deu no princípio para nosso bem. E como vossa mercê tem pressa amanhã falaremos. E adeus.

Cordeiro Advirto a vossa mercê que amanhã é dia dedicado ao glorioso mártir são Sebastião, padroeiro desta capital. Irei à sua festa que se faz na Santa Igreja Catedral, se vier mais tarde vossa mercê o não tome por novidade. E adeus.

Souza Vindo que seja o alferes Gonçalo Cordeiro, disse Deus graças, ao que respondi, para sempre.

Cordeiro Ainda agora acabei da festa que se fez a são Sebastião na Sé. Gostei muito principalmente da energia do padre pregador, que o fez, como ninguém, com a declaração da vida e morte deste bem-aventurado. Deus seja louvado na glória de Seus santos para imitarmos a eles.

Souza Amém.

Cordeiro Como passou vossa mercê a noute?

Souza Muito bem para servir a vossa mercê, no que tiver préstimo.

Cordeiro Em que ponto íamos ontem da nossa conversa?

Souza Tinha vossa mercê acabado de provar com a Sagrada Escritura o amor que devemos ter ao próximo, o qual o confirmou Deus, dando a Moisés a Santa Lei, nas duas tábuas que são os dez mandamentos, como se prova com a cerimônia da Igreja no Sermão do Mandato, que quer dizer amor mútuo.

Cordeiro Muito bem está, mas ontem me disse vossa mercê que me não podia na ocasião dar resposta, o que agora espero.

Souza Qual resposta?

Cordeiro De ser nosso regente e fazer caridade com os vivos e sufragar as Almas dos mortos.

Souza Para dar cabal resposta a vossa mercê do que me expõem, é-me necessário fazer capítulo.

Cordeiro Faça-o como quiser, contanto que me dê as respostas do que peço.

Souza Capítulo 2.º em que se dá notícias das caridades e sufragações das Almas dos pretos Mina Makii e dos seus regentes.

Senhor Cordeiro, agora acho-me mais aliviado das minhas paixões e por essa razão mais desembaraçado para lhe perguntar quem foi a origem ou causa, de meter em cabeça de vossa mercê e dos mais outros parentes para me quererem eleger por regente desta Congregação ou adjunto, quando dentre vossa mercê não faltam sujeitos qualificados de capacidades, inteireza, verdade, juízo e não a mim que não tenho esses predicados.

13 (13)

Cordeiro É boa teima do homem, não vi outro igual estar a maquinar em uma cousa há tanto tempo, que mais parece impertinência que outra cousa. Já disse a vossa mercê na história do primeiro capítulo o que havia de dizer. E como agora me puxa pela língua, sou obrigado a tornar-lhe a dizer que nós não queremos a outro senão a vossa mercê, porque no tempo do primeiro regente, que era o capitão Ignacio Gonçalves do Monte, já vossa mercê governava, e além disso, quando o dito esteve doente da moléstia em que faleceu, mandou chamar a vossa mercê em sua casa, aonde lhe encomendou e entregou essa regência que não desamparasse esta sociedade, e caridades feitas aos nossos nacionais, e vossa mercê o prometeu assim o havia fazer, sendo testemunhas que presentes se achavam Luiz Roiz Silva, Antônio da Costa Falcão e Rosa de Souza de Andrade, e outras pessoas de crédito.

Souza Nao há dúvida que assim foi, mas agora me disseram que a viúva do dito Monte, depois que enterramos o marido que faleceu em 25 de dezembro de 1783, passados catorze dias, a tempo que estive doente de uma erisipela,[9] mandou convocar os nossos nacionais, como é costume quando o marido estava vivo, e os ordenou que ia à igreja dos gloriosos santos Elesbão e Efigênia e no seu consistório, a tirar esmola pela Alma do dito falecido seu marido (e prevenindo-se ocultamente) com alguns de seus parciais, se é lícito assim o dizer. E apanhando a todos incautamente no dito consistório, fez pôr uma coroa na cabeça, dizendo que era a rainha com tal sutileza que todos lhe estranharam este modo de proceder e fugiram dela no mesmo dia, porque não eram só os da nação de Makii que lá se achavam, senão tudo o que diz ser da Costa da Mina e de outras nações que se admiraram da tal tragédia. Tudo obra de 14 (14) um crioulo baiano que se acha em sua casa depois da morte de seu marido. E veja vossa mercê se é ou não abuso e superstição, e essa é uma das cousas por que tenho teimado que não quero. Porque conheço que a viúva não faz gosto que eu o seja sem seu consentimento.

Cordeiro Tudo isso são traças do demônio para perverter esta tão boa caridade, assim foi, mas quem consentiu, e aprovou essa eleição?

Souza Eu não sei, pois vossa mercê bem sabe que estava doente naquela ocasião, mal podia saber dessa tragédia, se me não contassem pessoas fidedignas, zelosas do bem comum.

Cordeiro A viúva o que deve fazer, é cuidar no governo de sua casa, é cuidar em fazer bem à Alma de seu marido, cumprindo com o que manda o testamento do dito seu esposo, e não se meter no que lhe não importa, e se ela fez essa cousa não foi por vontade de todos, pois vossa mercê bem sabe que esse nosso adjunto consta de mais de duzentas pessoas, entre homens, e mulheres. Não me consta que se fizesse a ela regenta porque havia de ser por eleição e vontade de todos os de adjuntos, e nem mulher pode ocupar semelhante cargo, maiormente em governar, e reger a homens.

Souza Por que razão diz vossa mercê que as mulheres não podem reger, e governar aos homens?

Cordeiro Porque vimos que nas irmandades, mais aprovadas que há nesta cidade, mulheres nunca podem e nem tiveram voto em mesa.[10] E nem tampouco admitidas a ela, por razão do sexo, e juntamente fazem-se delas juízas, por razão de encher o número, e contribuir com suas esmolas, e nada mais servem. Pelo contrário, os homens ocupam todos os cargos das irmandades, já definindo, já sendo procurador, já sendo escrivão e juiz como testificam os seus compromissos, por acharem neles capacidade varonil. E demais, esse nosso adjunto é uma devoção que cada um toma por sua livre vontade com zelo da salvação dos nossos parentes, que falecem fazendo caridade aos que estão vivos, e não há obrigação de fazermos regenta uma mulher porque há homens. E nós não queremos senão a vossa mercê.

Souza Tenho visto que vossa mercê discorre com algum fundamento, porém digo-lhe que não quero, e vossa mercê os pode desenganar que não aceito a tal regência.

Cordeiro Está boa essa, por que razão?

Souza Pelas que já lhe tenho referido.

Cordeiro É justo, mas eu digo a vossa mercê que os pretinhos dizem que se não quiser ser regente para o bem, que o farão ser por mal.

Souza Esta boa teima, como me hão de fazer o ser regente por mal?

Cordeiro Como? Obrigando-lhe, e notificando-o.

Souza Só assim poderão vencer a repugnância do meu gênio, que enquanto a mim, se me obrigarem, não terei dúvida em aceitar a regência, mas também hão de me ouvir, e atender no que for a bem dessa Congregação, tirando todo o mau estilo que estiver exposto, ou a malícia tiver introduzido.

Cordeiro Sim, senhor. Faça o que quiser: *ora pro nobis*.[11] Sempre é bem impertinente o tal fulano de Anzol.[12]

16 (16)

Souza O que diz vossa mercê que o não entendo?

Cordeiro Digo que sim, que tomara que vossa mercê fosse já regente para fazer o que quiser; que de boa vontade aceitaremos, pois fazemos nisso grandíssimo gosto.

Souza Pois está feito. Veremos como isto há de ser.

Cordeiro Bem pouco há de viver, quem não chegar ver vossa mercê feito nosso regente. E adeus, que tenho que fazer, amanhã falaremos.

Souza Tão depressa se vai, pois a nossa conversa hoje foi mui sucinta, e como vossa mercê diz que tem que fazer, amanhã a será mais compendiosa. Adeus.

Capítulo 3.º, em que se prossegue a mesma matéria

Cordeiro Ave Maria, sem mácula concebida!

Souza Oh! Que tão belo é o nome de Maria! Oh! Que tão boa saudação.

Cordeiro Não há outra melhor, porque com esta saudação, como consta da Escritura que o anjo são Gabriel, entrando no aposento de Nossa Senhora em forma humana, e posto de joelhos com alegre semblante, lhe disse: Deus vos salve Maria cheia de graça, o Senhor é convosco, bem-aventurada sois entre todas as mulheres. [espaço] Ouvindo a Virgem estas palavras, se [ilegível], considerando que saudação seria esta. E vendo-a o anjo assim lhe disse: não temais, Maria, porque achastes graça diante de Deus, de cuja parte vos digo que concebereis e parireis um filho a quem poreis nome de Jesus.

E este será grande e chamar-se-á filho do altíssimo, e dar-lhe-á o Senhor a cadeira de Davi, seu Pai, e reinará para sempre na Casa de Jacó.

Souza Muito é para notar a grande devoção e acatamento que devemos a Maria Santíssima, Mãe do altíssimo, para que seja a nossa advogada diante do mesmo Senhor. [espaço] Olha, batem à porta.

Cordeiro Quem é? Pode entrar, que a porta está aberta. Oh! É o senhor Luiz Antônio Ribeiro de Campos, escrivão do meirinho das cadeias,[13] que procura a vossa mercê, não sei para o quê.

Souza O quê? Escrivão do meirinho? Que negócio tem comigo? Estou perdido. Que quererá?

Cordeiro Não sei, agora veremos. Entre, senhor, senta-se.

Souza Guarde Deus a vossa mercê. Quem procura vossa mercê, meu senhor?

Meirinho Ao senhor Francisco Alves de Souza.

Souza Para servir a vossa mercê, aqui me tem à sua ordem.

Meirinho Venho aqui notificar a vossa mercê por requerimentos que fizeram, ao senhor doutor juiz de fora,[14] Luiz Roiz Silva, Alexandre de Carvalho e José da Silva e outros pretos Mina Makino para vossa mercê ser o seu regente e administrador dos sufrágios das Almas dos seus nacionais e caridades com os vivos. E que se vossa mercê não quiser que venha debaixo de vara à sua presença como se vê do despacho do ministro.[15]

Souza O que tão apertada hora é esta! Passe vossa mercê a fé que debaixo de vara não vou falar ao ministro.

Meirinho Sim, senhor. Passarei a fé que é a seguinte: certifico que citei ao suplicado Francisco Alves de Souza, na forma desta petição como nela se contém e manda e declara. E pelo mesmo suplicado me foi dito que não tinha dúvida aceitar o dito cargo, em fé de que passei a presente. Rio de Janeiro, 9 de março de 1784. O escrivão do meirinho das cadeias, Luiz Antonio Ribeiro de Campos.

Souza Há mais alguma dúvida?

Meirinho Não, senhor, da parte de vossa mercê está concluído. Mas falta-me fazer outra diligência que vem incluída na mesma petição.

Souza Qual será a diligência que lhe falta?

Meirinho Em notificar a viúva do capitão Ignacio Gonçalves do Monte para entregar um cofre com sua caixa, aonde se guarda o dinheiro pertencente a esta Congregação, junto com os mais trastes e livros que dizem os pretos que é da mesma Congregação, por serem comprados com dinheiro da finta que entre eles deram e que já lhes tinham pedido, e que a dita viúva a não quer entregar, dizendo que é de seu marido. Isto é o que me disseram os pretos.

Souza Enquanto a mim pouco me importa isso.

Meirinho Adeus, senhor. Fique-se em boa paz que isso não há de ser nada.

Souza Adeus, senhor Luiz Antônio, que aqui fico ao seu dispor como seu menor escravo.

Cordeiro Eu não disse a vossa mercê que haviam obrigar, para ser nosso regente? E vossa mercê entrou a teimar tanto, que deu lugar a chegar as cousas nestes termos.

Souza Em que termos chegou?

Cordeiro De ser obrigado. E não se podia passar sem isso?

Souza Eu bem sabia o que havia suceder, porém o remédio era ter com eles agora uma demanda, mas Deus Nosso Senhor me livre de demandas, e por Sua infinita bondade me dê paciência.

Cordeiro Esta é a que devemos pedir a Deus para sofrermos ao nosso próximo. Está vossa mercê muito apaixonado por uma cousa que não vai, e nem vem.

Souza Não vai nem vem diz vossa mercê mas eu lhe prometo que quando me derem a posse de regente, de o fazer secretário, para também participar do trabalho já que tanto fala.

Cordeiro Pois me faz grande peça, em fazer-me secretário da regência.

Souza Não lhe pareça vossa mercê e os mais senhores que isso será brinquedo.

Cordeiro Ponha-se vossa mercê pronto para no dia 13 de março que o havemos de vir buscar para se lhe dar posse na igreja dos gloriosos santos Elesbão e Efigênia, no seu consistório como é costume e estilo observado, entre nós outros pretos Mina.

Souza Mais que pronto estou, é necessário um livro para o termo, e o mais direi ao depois.

Cordeiro Está tudo pronto. Vamos que os pretos estão à espera no consistório.

Souza Já basta que venha vossa mercê e outro, para irmos.

Cordeiro Sim, senhor, aqui estou, e mais outro companheiro.

Souza Vamos com Deus, Ele seja em nossa companhia e guia, assim como foi dos israelitas quando os tirou do Egito do poder de faraó, para a Terra da Promissão.

Cordeiro Vê como o recebem com tanta alegria e bizarria, mostrando o gosto que fazem de vossa mercê ser seu regente?

Souza Estou atônito de ver tanta gente junta, entre homens e mulheres.

Cordeiro É para vossa mercê ver se é verdade o que eu lhe dizia em como eles faziam grandíssimo gosto de o terem por seu regente.

Souza Deus guarde a vossas mercês todos na Sua santa paz, assim como disse o Senhor a seus discípulos quando lhes apareceu depois da Sua Sagrada Ressurreição, pondo-se no meio deles, e disse: A paz de Deus esteja convosco: *Pax vobis*.

Todos E venha em nossa companhia, para nos proteger e reger como desejamos. Estamos aqui mais de quarenta pessoas para lhe darmos a posse.

Souza Quais são os irmãos maiores desta Congregação?

20 (20)

Cordeiro Aqui estão Alexandre de Carvalho, José Antônio dos Santos, Luiz Rodrigues Silva, e José da Silva, todos forros, pessoas entre nós de maior gravidade, que estão prontos para dar posse a vossa mercê com toda a deferência e gravidade.

Souza Tenho tomado a posse e Deus me queira dar, saúde e juízo para os reger, com sossego, e quietação, para sufragarmos as Almas dos nossos parentes, fazendo caridades aos vivos para maior obra de Deus e salvação de nossas Almas.

Cada um Viva!

Todos em geral Viva o nosso regente, viva e mais que viva, que estamos prontos para tudo quanto ele nos determinar, viva!

Cordeiro Aqui está o livro que vossa mercê mandou trazer para fazer o termo.

Souza Antes que isto se faça é-me necessário primeiro advertir a vossa mercê o que coisa seja, este adjunto, ou Congregação, porque como muitos não sabem o que isto significa, entendem que será alguma bicha de sete cabeças ou outra qualquer cousa.[16]

Todos Estamos atentos com gosto de ouvir a vossa mercê.

Souza Desde o princípio desta terra, em que entraram a conduzir os pretos de África, que vêm da Costa da Mina, e de Angola, e pelas desumanidades de alguns senhores que os compravam, todas as vezes que adoeciam de moléstias incuráveis e envelheciam os deitavam fora, a morrerem de fome, e frio, nus, por estas praias, sem ter quem os mandasse enterrar, se a Santa Casa da Misericórdia os não mandasse buscar para os enterrar com aquele zelo e caridades que costuma, aí ficariam os cadáveres com o seu [ilegível]. E por esta razão introduziram os pretos entre si a fazerem este adjunto ou corporação a fim de fazerem bem aos seus nacionais a saber que a nação

21 (21)

que morrer seus parentes tirar esmolas para os sepultar e mandar-lhes dizer missas por sua Alma. E os que forem pobres, acudir-lhes de tempo em tempo com a sua contribuição.

Cordeiro Ainda faltam algumas circunstâncias.

Souza Não costume a tomar o recado ao pé da porta, porque ainda o não acabei.

Cordeiro Perdoe-me que cuidei lhe tinham esquecido e por isso lhe alembrei.

Souza Não me esqueceram por certo.

Cordeiro Tenha a bondade de continuar.

Souza Sim, senhor, continuo. E pelo contrário, os pretos de Angola, não só tiram esmolas para enterrar os seus parentes que morrem [se não arrojarem] e com indecência tomar os cadáveres que vão na tumba da Santa Casa da Misericórdia, para os pôr nas portas das freguesias, a tirar esmolas dos fiéis, para os enterrar com cantigas gentílicas e supersticiosas, como levo dito no primeiro capítulo. Porém informando-se disso o meritíssimo senhor juiz do crime, desse mau procedimento, que os tem mandado prender e castigar, e por esta razão cuidam os senhores brancos que todos os pretos usam do mesmo que praticam esses indivíduos.

Em 1748, que cheguei a esta capital vindo da cidade da Bahia, achei já esta Congregação ou corporação de pretos Mina de várias nações daquela costa, a saber, Dagomé, Makii, Zano, Agolin, Sabaru (todos de língua geral), com muita união, tendo por rei da tal congregação a um Pedro da Costa Mimoso, também da mesma nação. E depois que faleceu este, nomearam para existir no mesmo cargo a Clemente de Proença, com o mesmo título a que exerceu há muitos anos. E continuando o tempo começaram os pretos a rezingarem, as nações umas com as outras, buscando preferências de maiorias, ao que deu ocasião a que as nações Makii, Agolin, Zano, Sabaru saírem do jugo de Dagomé, escandalizados e afrontados de alguns ditos picantes que os dagomés lhes diziam. Procuraram fazer o seu rei e com efeito o fizeram na pessoa do capitão Ignacio Gonçalves do Monte, no ano de 1762. Por ser verdadeiro Makino, este foi o primeiro que fez termo e endireitou e aumentou esta Congregação.

Cordeiro Assim foi, mas vossa mercê também assinou o termo, e era imediato a ele, e o que trabalhou mais neste ponto, e o que catolicamente os ensinou o modo com que havíamos tirar esmolas, sem serem por toque de tambores, como dantes se usavam. Pois a verdade, sempre o hei de dizer, ainda que seja contra a minha pessoa, e vossa mercê tudo é falar a baldar dos outros, e de si nada. Não posso levar isso a paciência porque os makinos devem muito a vossa mercê, não sei se digo bem, porque se mostrou foi verdadeiro, vossa mercê não é menos, e com melhor inteligência e o que a tudo se deve.

Souza Eu já não faço comemoração dos seus ditos, que para mim são picantes, porém paciência, que quem planta a parreira não a planta para si só, entenda-me como quiser.

Cordeiro O que quero é a continuação da história.

Souza Eu a continuo, com o discurso do tempo se apartaram também as referidas nações que estavam com a de Makii, Agolin, Sabaru, cada um fazendo seu rei à parte. Até que faleceu o dito Ignacio Gonçalves, em 25 de dezembro de 1783, e como vossas mercês me obrigaram judicialmente para tomar posse e já me deram, a primeira cousa que requeiro é de não haver nesta nossa corporação o nome de rei.

Todos Pois vossa mercê nos governa e nos administra e lhe temos cortesia como a nosso pai. O como o havemos de tratar, se isto já vem dos primeiros fundadores?

Souza Viesse daonde viesse, porque não tenho culpa dos erros dos primeiros fundadores e nem sou culpado nisso. Digo que esse distintivo não serve mais porque não é dissonante nos ouvidos de quem as ouve, este nome de rei, porque faz perturbar a boa harmonia e devoção que temos com os nossos próximos, devendo de dar outro título que condiga com a nossa profissão.

Todos Que título podemos dar?

Souza A de regente, nome próprio para o feito que fazemos.

Todos Estamos contentes, mas vossa mercê não há de nos tirar o nosso direito e nem o nosso regalito, que há tantos anos estamos de posse.

Souza Qual é o direito que vossas mercês dizem estão de posse?

Todos Se não tirar os nossos postos, e nomes, que à imitação dos fidalgos do nosso Reino de Makii, se usam entre nós outros, a fim de distinguir o maior do menor, do fidalgo a mecânico, e haver respeito entre uns e outros.

Souza Tudo se há de fazer com boa harmonia e ordem, sem ofender pessoa alguma. O que vossas mercês querem é que lhes dê os títulos, assim como se dá cá na terra dos brancos. Não é isso?

Todos Sim, senhor.

Souza Pois como me deram posse e faculdade para tudo, já os nomeio aqueles mais zelosos e caritativos que dão de si esperança de servirem bem à Congregação.

Todos Atentos estamos com boa vontade a ouvi-lo.

Souza Está aí Luiz Roiz Silva.

Silva Senhor, aqui estou pronto para obedecer ao senhor regente.

Souza Levante aí a mão do senhor Gonçalo Cordeiro.

Silva Para que posto?

Souza Para secretário desta Congregação.

Todos Viva o nosso regente, viva o senhor secretário, que Deus o conserve por muitos anos para fazer bem à sua obrigação.

Souza A José Antônio dos Santos para *Jacolûduttoqquêm*,[17] que é o mesmo que cá duque. É o primeiro-conselheiro com as chaves do cofre.

Todos Muito bem-feito está. Viva, viva!

Souza Alexandre de Carvalho para *Euçûm valûm*, que é como cá duque, segundo do conselho, com a segunda chave do cofre. A Marçal Soares, *Alolû Belppôn Lissoto*, que é como cá duque, e terceiro do conselho, com a terceira chave do cofre. [espaço] A Boaventura Fernandes Braga, *Aeolû Cocoti de Daçá*, que é como cá também duque, segundo-secretário e quarto conselheiro com a chave de dentro. [espaço] A José Luís, *Ajacôto, chaûl de Zá*, que é como cá marquês de tal parte, e é do conselho o quinto. [espaço] A Luiz da Silva com o posto de *Ledó*, que é o mesmo que conde, é sexto do conselho. [espaço] A Luiz Roiz Silva para *Aggaú*, que é o mesmo que general. [espaço] A José da Silva para *Aggaú*, que é o mesmo, e como é já tarde e o tempo será pouco para se fazer o termo, deixemos para fazermos em outra ocasião o que falta.

25 (25)

Todos Viva o nosso regente pelo acerto com que nos proveu!

Cordeiro Tenha mão que quem tem amores não dorme. Já que me fizeram secretário, não hei de deixar de ir pela água abaixo umas tantas cousas, vossas mercês estão contentes, e de contentes estão fazendo tais gar[g]alhadas que não sei como o regente os atura; pois andar consentidos se querem que ele os reja, e me parece que por estar já enfadado disse que faria o mais em outra ocasião, devendo-se de fazer tudo hoje pois ainda faltam os cargos principais que deviam de ser dos primeiros. E parece que lhe esqueceu e vou lhe alembrar. Senhor regente, veja que ainda faltam os principais para lhe dar posto, que infalivelmente há de ser hoje.

Souza Quem são os que faltam? Pois me não ocorrem tudo há um tempo. Diga, senhor secretário.

Cordeiro Faltam estes dois senhores que são dos principais e por não virem mais cedo por isso não se lhes têm dado os seus cargos, o que agora se pode fazer querendo o senhor regente.

Souza Sim, senhor, a João Luiz de Figueiredo para vice-regente desta Congregação. A Antônio da Costa Falcão para segundo-vice-regente da mesma, está bom.

Todos Mais que bom está, viva o nosso regente!

Souza Senhor secretário, já é tempo de fazer os termos que já se vai fazendo tarde. Suposto que ainda faltam muitos cargos para se darem eu a dispenso para o outro dia.

Cordeiro Sim, senhor, aí vai, visto a dispensa do senhor regente, termo das obrigações e posse que fizeram os homens pretos

forros e sujeitos da nação Makii, em que elegeram a Francisco 26 (26)
Alves de Souza para seu regente administrador, como se declaram nos assinados, e obrigação que fizeram e juntamente da posse que lhe dão, cuja posse e obrigação e nomeação é da maneira seguinte:

Ao capitão Ignacio Gonçalves do Monte tínhamos feito nosso regente e administrador das esmolas que costumamos a dar para se dizerem missas pelas Almas dos nossos irmãos falecidos da nação Mina, e sujeitávamos a tudo que ele dispunha. Elegemos para a dita ocupação e cargo a Francisco Alves de Souza, homem preto forro, casado [arregado] com bens. E nele concorrem todos os requisitos necessários que se fazem a bem de ocupar o dito cargo, e juntamente por ser imediato ao dito falecido que supria as suas vezes, com todo o zelo e prontidão, de que lhe damos posse, e lhe entregamos tudo o quanto o falecido estava de posse, e sujeitamo-nos a tudo que ele determinar, e tirando todo o poder e domínio que tiver a mulher do falecido e quer ter, que para nenhum dos modos pode ser de regenta e de administradora, por ser contra as leis, e nem podemos ser administrados por uma mulher. E como é assim a nossa vontade lhe concedemos todos os nossos poderes, que em direito nos são concedidos, e sem constrangimento de pessoa alguma fazemos este tão somente por nós assinados para em todo o tempo constar desta nossa eleição e posse que lhe damos, e reconhecemos por nosso regente e administrador e benfeitor das Almas dos nossos irmãos falecidos, de que todos nós assinamos e pedimos o ajudante Antônio Francisco Soares, que este fizesse e como testemunha o assinasse. Rio de Janeiro, 20 de março de 1784. E eu Gonçalo Cordeiro, secretário do regente que sobrescrevi e assinei como testemunha que este fiz e assinei [espaço] Gonçalo Cordeiro Antônio Francisco Soares [espaço] Em que assinaram todos como se vê no Livro dos Termos à fl.1 [espaço] Termo da posse que damos no consistório da igreja dos gloriosos santos Elesbão e Efigênia, em 20 de março de 1784.

Estando nós todos presentes no consistório dos santos acima nomeados, nos leu o secretário a obrigação e nomeação que fizemos de regente a Francisco Alves de Souza, de que todos contentes, e satisfeitos por ser assim a nossa vontade, pois requeremos ao senhor juiz de fora para que fosse servido mandar se citasse ao dito acima nomeado para que quisesse aceitar o cargo de regente e administrador da forma que tínhamos feito a nossa eleição da obrigação em que nela confessamos e juntamente a posse e poder que lhe damos, e não pondo dúvida alguma, tomou posse, e não somente lhe demos a ele, como também à sua mulher Rita Sebastiana, e ficará sem efeito toda outra qualquer posse que por esperteza tomassem, por ser tudo contra a nossa vontade de que revogamos e anulamos, pois não queremos outro regente nem outro administrador, e para o que lhe damos posse de hoje para sempre e nos sujeitamos a tudo quanto ele determinar, assim como ele fazia, digo assim como o defunto fazia, seu antecessor, sem a isso pormos dúvida alguma, como declaramos na nomeação junta, que nela já lhe dávamos a posse e poder como se já a tivesse tomado, o qual servirá de força a este termo, o que o fiz sendo somente por mim subscrito e assinado com os mais assinados que se achavam presentes e o mais que assinaram que por impedimento, se não acharam no presente dia da posse, e eu, Gonçalo Cordeiro, secretário, que este sobrescrevi e assinei [espaço] Gonçalo Cordeiro.

Neste termo se assinaram quarenta pessoas como se vê do Livro dos Termos à fl.1.

28 (28)

Souza Alembrado estou de quando vossa mercê me mandaram obrigar, me disse o meirinho que tinha mais outra diligência que fazer, perguntando-lhe eu qual será a diligência que tinha e a quem ia fazer respondeu-me que ia notificar a viúva do capitão Ignacio Gonçalves para entregar os trastes que tem em sua casa pertencentes à Congregação que é um cofre com sua caixa, cruz, mochos e bancos, livros.

Todos Assim é porque como obrigamos a vossa mercê para nosso regente, forçosamente havemos lhe entregar tudo quanto é da Congregação, que é o que o meirinho lhe disse, e tendo nós mandado pedir tantas vezes não nos quer dar.

Souza Pois, senhores, antes que vossas mercês o mandem notificar, lhes advirto que é melhor o não fazê-lo, e escusarmos de arengas.

Cordeiro Que arengas pode ela fazer, quando é muito certo, e nós todos da Congregação o sabemos, e vossa mercê também sabe muito bem que aqueles trastes, custou o nosso dinheiro de finta que tiramos entre nós mesmos? Pois a mulher há de negar a verdade conhecida por tal, que é pecado contra o Espírito Santo? E me parece que ela é cristã, e sabe que há Inferno se não restituir o alheio.

Souza Sei tanto que o cofre, mochos e bancos quando se tirou finta para se mandar fazer, que eu só dei para elas quatro patacas e um pano que mandei pintar por Narciso Roiz Silva, e comprei na loja de Antônio Ramalho Lisboa, morador defronte de Nossa Senhora da Lapa dos Mercadores, e um pano grande da costa que serve de se pôr na mesa do consistório da igreja dos gloriosos santos Elesbão e Efigênia quando tiramos esmola, como vossa mercê bem sabe o deu de esmola o nosso irmão falecido Ignacio da Silva Rosa para se continuar no mesmo exercício, porém ela já começa a negar que quer vossas mercês faça.

Todos Queremos como temos dito que o meirinho o notifique.

Souza Antes que vossas mercês o mandem notificar, quero primeiro que cada um dê o seu voto.

Cordeiro Para que é gastar o tempo com isso! Vossa mercê bem vê o que todos uniformemente dizem, que voto havemos de dar mais senão que se notifique?

Souza Façam o que quiserem, contanto que me entreguem o que pertence à Congregação.

Cordeiro Não é nada, já são seis horas da tarde, e a noite se vem avizinhando com a sua escuridão, bom é que vamos acompanhar ao senhor regente, até sua casa, antes que se faça mais tarde.

Todos Estamos prontos para o acompanhar, pois temos de obrigação, se lhe for servido.

Souza Obrigado a vossa mercê por tanta honra, o quanto me faz que de Deus receberam o prêmio, pois basta que venha o secretário, e adeus.

Cordeiro Vamos com Deus que já é tarde, e a noite muito escura. Que amanhã virei para vossa mercê fazer os estatutos para o governo da Congregação.

Souza Venha que o esperarei, e adeus, até amanhã.

Cordeiro Como tenho que fazer, virei às nove horas, e adeus.

Souza Quem bate aí pode entrar que a porta está aberta.

Cordeiro Como passou vossa mercê a noite?

Souza Muito bem para servir a vossa mercê, meu senhor.

30 (30)

Cordeiro Venho com gosto para ver já acabados estes estatutos.

Souza Para se fazer os estatutos para o governo da Congregação é necessário capítulo.

Cordeiro Pois faça.

Souza Capítulo 4.º da Regra ou Estatutos do adjunto ou Congregação dos Pretos Mina-Makii.

Cordeiro Estou muito admirado de sua atividade, e o modo como que faz estas cousas, com tanta prontidão.

Souza Em nome da Santíssima Trindade, Padre, Filho e Espírito Santo, três pessoas distintas e um só Deus verdadeiro; [sinal]

Nós, o regente e os mais grandes do adjunto e Congregação dos Pretos de Mina-Makii, desejando que esta se aumente no serviço de Deus e tenha seus estatutos por onde se governem, sabendo cada um a obrigação que lhe compete, para que assim se sirva aos nossos nacionais com nossas devotas assistências e sufragações das Almas, dos mesmos, se edifiquem os mais fiéis, cristãos, o vendo que quanto cabe em nossas capacidades, saber fazer, caridades, uns aos outros, ordenando os estatutos seguintes.

Capítulo 1.º

Haverá neste adjunto ou Congregação um regente, e regenta, feito por voto, e vontade de todos. Haverá também um vice-regente que fará as vezes do regente.

31 (31)

Capítulo 2.º

As pessoas a quem elegerem para regentes, sejam naturais e oriundos da Costa da Mina e do Reino de Makii, e não poderão eleger de outra nação.

Capítulo 3.º

Toda a pessoa a que quiser entrar neste adjunto ou Congregação (exceto pretos de Angola) serão examinadas pelo secretário deste adjunto e *aggaú*, que é o mesmo que procurador-geral, verem que não sejam pretos ou pretas que usem de abusos e gentilismos, ou superstição, que achando, ou tendo notícias que usam, os não poderão receber.

Capítulo 4.º

Todas as pessoas que estiverem neste adjunto serão devotos de Deus e de Sua Santíssima Mãe Maria Santíssima, e dos santos da Corte do Céu, especialmente dos santos de seus nomes e anjos da guarda e das Almas do Purgatório por quem militamos, ouvindo missas todos os dias. Se puder ser, especialmente às segundas-feiras, por serem dias dedicados pela Igreja, das suas comemorações, e os que nestes dias não puderem ouvir missa, rezarão de joelhos diante de uma imagem do Senhor Crucificado uma estação que consta de seis padres-nossos e seis ave-marias, com *Gloria Patris*, aplicadas pelas Almas do Purgatório.

Capítulo 5.º

Este adjunto ou Congregação foi feito para se fazer caridades 32 (32)
aos nossos nacionais com estes fundamentos, a saber, primeiro
que todos os que forem desta nação estiverem neste adjunto e
morrerem sendo irmão de qualquer irmandade, terão obrigação
de o acompanhar até a sepultura, e outrossim que o regente fará
ajuntar os da Congregação para cada um contribuir, com a sua
esmola conforme a posse de cada um, e depois de tirada a dita
esmola, fará o regente votar pelos grandes, e os mais autorizados, que têm nomes na Congregação, para cada um deles dizer
quantas missas se mandarão dizer, e o regente é o último que
os aprova ou desempata, tirando toda dúvida que se oferecer.

Capítulo 6.º

Todos os que forem congregados, sendo forros, estiverem
doentes, serão assistidos dos da Congregação, sendo o primeiro, o regente e a regenta, que assistirão com toda a caridade
e decência, e depois destes, seguirão os mais. E se o doente for
muito pobre e carecer de adjutório para o que lhe for necessário,
darão parte ao regente para lhe dar as providências necessárias,
mandando ajuntar aos grandes da Congregação e tesoureiros
dela, para cada um votar o dinheiro que se deve tirar do cofre,
para o remédio daquele enfermo nosso nacional, e se estiver

em perigo da vida e desenganado dos professores, farão ou irão, chamar padres para o confessar, e por pronto para receber o Santíssimo Sacramento, fazendo seu testamento com atos de católicos.

Capítulo 7.º

Os congregados que forem cativos, que vindo libertar-se tendo o seu dinheiro e lhes faltar para o ajuste da sua alforria, farão saber ao regente para este lhes dar as providências, fazendo juntar os congregados participando-lhes a necessidade que tem o dito do dinheiro para se libertar, para o que o secretário fará um termo, a que assinará o dito pretendente com obrigação de o pagar.

Capítulo 8.º

O procurador-geral desta Congregação, terá cuidado em solicitar notícias dos congregados, visitando-os e vendo os que estão doentes, para dar parte ao regente, como também os que tiverem entre si, discórdias, fazê-los vir perante o regente, para os acomodar. Porque muitas vezes, por um pequeno incêndio se levanta uma grande labareda. Porque desejamos entre nós paz, e união, assim como encomendou Cristo Senhor Nosso aos Seus apóstolos.

Capítulo 9.º

Haverá nesta Congregação um cofre com duas gavetas, dentro, e para o bom governo dela, será fechado com três chaves que o regente fará eleição, em os mais autorizados da Congregação, entregando cada um a sua com títulos de tesoureiros, e as chaves das gavetas de dentro pertencem ao regente ou quem suas vezes fizer. [espaço] Quando for necessário de abrir o cofre, convocará o regente aos tesoureiros para cada um com a sua chave abrir. E sem isso as não poderão abrir por carecer um de outro.

Capítulo 10.º

É o lugar do regente nesta Congregação o de maior respeito, e veneração, e por esta razão todos os da Congregação lhe devem obediência com todo acatamento. E o que lhe não prestar obediência será castigado conforme o alvidrio do mesmo regente, assim mesmo se entenderá com a regenta, e todos os mais que têm nomes, na mesma Congregação.

Capítulo 11.º

Todos os congregados que faltarem quando falecer seu irmão, e o não acompanharem, até a sepultura, sendo forros que não tiverem legítima causa para o fazer, dará de esmola para o cofre 120 réis em castigo da sua rebeldia, e os que forem cativos que não tiverem também legítima causa darão de esmola sessenta réis em castigo também da sua rebeldia e frouxidão, e os que tiverem legítima causa por razão das suas ocupações bastam só rezar o padre-nosso, e ave-maria, com *Gloria Patris*, oferecida à Sagrada Paixão do Senhor pela Alma daquele falecido nosso nacional. E pelo contrário o forro que não puder assistir ou acompanhar ao mesmo falecido, tendo justa causa, rezará uma coroa à sagrada morte e paixão do Senhor, pela Alma do mesmo.

Capítulo 12.º

Quando se souber, e correr notícia que algum que estiver assentado no livro desta Congregação, tiver mau procedimento e forem revoltosos, tanto em prejuízo das suas pessoas, como em dano de terceiro e dos congregados seus irmãos, logo será chamado e se fará um adjunto, aonde será pelo regente, e os mais autorizados da Congregação, admoestado honestamente até três vezes, e não tendo o dito emenda, e nem obedecendo, será expulso por termo que fará o secretário. E assinarão o regente e os mais grandes, e autorizados, da mesma Congregação. E isto se entenderá também nas mulheres, por serem algumas orgulhosas, amigas de enredos, perturbadoras da paz e sossego.

Capítulo 13.º

Porquanto vemos que a experiência nos tem mostrado, que um estado de folias, nas irmandades pretas seria de muita utilidade assim de exercitar os ânimos dos pretos, como para acudirem de novo, muitos de fora assentarem fé na Congregação, a fim de os ir atraindo com aquela suavidade, para os pôr prontos para as caridades e tudo quanto for do serviço de Deus Nosso Senhor, queremos que no dia de Nossa Senhora do Rosário, haja um estado, de folias desta nação Makii, que acompanharão ao rei de Nossa Senhora do Rosário, sendo da Costa da Mina, e não o sendo, os não acompanharão, e somente se permita as suas saídas, para o palácio do ilustríssimo e excelentíssimo senhor vice-rei deste estado. E depois de brincarem, recolher-se cada um para sua casa, com toda quietação, e sossego, que se requer em semelhantes funções.

Capítulo 14.º

Todas as segundas-feiras da Quaresma, jejuarão exceto os trabalhadores, e os velhos. Ouvirão missa, rezando as nove saudações de são Gregório, vulgarmente intituladas, "Novena das Almas", para os que souberem ler. E os que o não souberem rezarão nove padres-nossos e ave-marias, com outros tantos *Gloria Patris*, tudo aplicadas pelas Almas do Purgatório.

Capítulo 15.º

Haverá nesta Congregação quatro livros, a saber, um livro para se fazer o assento dos congregados, um dito para as certidões das missas, um dito para receita e despesa, e um dito para os estatutos, que é obrigação que se impõe ao secretário da Congregação de os ter bem claros e limpos, com toda a clareza e chaneza que se requer —

[espaço] Capítulo =

36 (36)

Capítulo 16.º

Toda a pessoa que estiverem assentadas nesta Congregação hão de serem humildes, porque a humildade é uma das virtudes que realça muito na vista de Deus, e a que o mesmo Senhor exercitou, estando neste mundo, e encomendou aos Seus sagrados apóstolos, como se vê dos muitos lugares dos Livros.

Queremos que os nossos irmãos caríssimos deste adjunto, ou Congregação, sejam humildes como temos dito, e porque sucedem muitas vezes, fazerem algumas cousas menos decentes, e querendo-se repreendê-los, devendo os tais de humilhar-se conhecendo o mal que fizeram, antes o fazem pelo contrário, enfadando-se, faltando ao respeito, à obediência e à humildade que se requer nesta Congregação por seus maus exemplos, quando algum cair em semelhante culpa, será admoestado em ato de adjunto, pela primeira vez, e pela segunda, expulso desta Congregação, por termo feito pelo secretário, e assinado pelo regente e os mais grandes, e autorizados da Congregação, por trazer esta culpa algum fundamento de soberba, com resquício de vanglória, cousa ou vício não praticado entre nós.

Feitos estes estatutos em o Rio de Janeiro aos 31 de janeiro de 1786, e eu Gonçalo Cordeiro, secretário que o assinei; Gonçalo Cordeiro

O regente Francisco Alves de Souza [assinatura][18]

Cordeiro Estou tão contente e tão satisfeito que mal posso articular palavra.

Souza Desejo que vossa mercê me participe também da sua alegria, para o aplaudir assim como pelo contrário, estivesse triste para o acompanhar na tristeza.

Cordeiro Pois, senhor, diga-me, se tenho razão para me alegrar de ver, que há tantos anos que estamos nesta Congregação e nenhum dos seus regentes, se animaram a fazer um estatuto para o bom governo, como vossa mercê agora o fez. O certo é que as cousas são para quem as entende, e não me explico mais.

Souza Os que governaram esta Congregação não tinham estatutos. Pois como se governaram?

Cordeiro Como os regentes naquele tempo, se intitulavam com o nome de rei que vossa mercê o outro dia, dispensou, por isso não cuidavam em estatutos, e se algum havia era bocalmente falado, e misturado com o nosso idioma, que me parece ser cousa feita no ar, e de pouca ponderação, que não tem vigor.

Souza Assim será, mas o último regente desta Congregação que foi Ignacio Gonçalves do Monte, foi homem de sã consciência, muito entendido, e zeloso, temente a Deus, não teria, digo, não deixaria de dar regra, ou estatutos aos congregados.

Cordeiro No tempo do dito Monte, não houve estatutos, mas sim um termo assinado pelos grandes da mesma Congregação e algumas circunstâncias mais que havia entre nós era bocalmente, como tenho dito. Bem estávamos nós, se houvesse regra ou estatutos porque estaríamos livres de andar com desgostos e pendências uns com os outros, por respeito da regência, e quando é muito certo, e notório, que o defunto Monte deixou a vossa mercê em seu lugar, mas também já em sua vida havia dois anos, que vossa mercê governava.

Souza Assim foi mas, a viúva do dito falecido pelo que vejo não quer entregar nada, que pertence à Congregação.

Cordeiro Aí batem. Entra, quem é, que o senhor regente dá licença.

Silva *Dei gratia*,[19] está em casa o senhor regente?

Souza Já lhe disseram que entrasse.

Silva Venho dar parte a vossa mercê, que a viúva do capitão Monte, não quer entregar o cofre, junto com as mais cousas, e antes pediu a vista da notificação que fizemos, e quer demandas pois diz que é de seu marido os tais trastes.

Cordeiro Antes que o senhor regente dê a vossa mercê resposta, senhor Luiz Roiz Silva, peço licença para responder que se a viúva pediu vista da notificação não temos mais remédio, que ajuntar procuração em casa do escrivão Barreto, aonde toca.

Souza Eu bem disse que a não mandassem notificar, receando que ela pediria vista, da tal notificação porque conheço muito bem o seu ânimo.

Cordeiro Sim, senhor, explique-se e não fale por entre os dentes, que nós bem lhe entendemos. Quer vossa mercê dizer que já em tempo de seu marido, sempre fora revoltosa e inimiga do sossego e quietação, tanto que em tempo que estavam congregadas as mais nações junto com a nossa, de que o marido era regente, sempre andava com histórias e enredos de que procedeu apartarem-se de nós, as tais nações, que foram Agolin e Sabarus, saindo do jugo e proteção do dito regente seu marido, procurando cada um deles, em fazer o seu regente da sua mesma nação, e com efeito o fizeram, aonde todos gozam da boa paz, e quietação sem a mínima queixa, que os faça perturbar, e esta nossa Congregação também se desmancharia, se o dito regente não pusesse cobro, em atalhar semelhantes histórias e enredos.

39 (39)

Souza Eu não queria falar nisso, com tanta clareza, porque quem visse falar assim, vendo que vossas mercês me obrigaram para seu regente, entenderiam que falaria com paixão.

Cordeiro Quando as cousas são feitas, e sabidas por todos não tem que encobrir porque é público e nem também quem diga que é paixão, e antes, é falar verdade, porque o mais é ser adulador, pervertendo a mentira com a verdade, e se perguntarem a todos os da Congregação dirão o mesmo que tenho dito.

Souza Pois, senhores, a mim me não importa com esta demanda de preferências de ela ser, ou não regenta, pois se que vossas mercês me obrigaram por justiça para o ser, que eu bem não queria, mas ela está teimosa que a quer ser.

Cordeiro Não tem que a teimar a viúva porque este adjunto ou Congregação, nunca foi governada por mulheres, e nem temos exemplo em tempo algum disto, o qual dito o aprovo, primeiramente com a Sagrada Escritura. Quando Deus entregou o poder a sua Igreja a são Pedro, podia sem impedimento entregar-lha a Sua Mãe Santíssima para a governar, e a razão de não entregar foi, e o testifica são Jerônimo porque as determinações políticas, de um governo tão alto como era convocar os fiéis ao grêmio da Igreja, necessitava do valor de um Pedro. Isto não é dizer, que em Maria faltavam todas aquelas qualidades que se requeriam. Mas, sim digamos, materialmente não tinha a robusteza de um homem.

Segundo, com a história criou Deus o mundo, fazendo todas as cousas em seus respectivos dias e no último, digo, e no último, criou ao homem e dele formou a mulher, que vendo sujeitá-la, não só a ela, mas também, a todas as santas direções 40 (40) de um homem prudente, o que depois, pedindo-lhe o povo por boca do profeta Samuel, que lhe desse rei, e ele nomeou a Saul. Ora nestes termos de nenhuma sorte, senhor Souza, a viúva do capitão Monte não pode governar esta corporação, porque a não aclamamos rainha da Congregação. Primeiramente é pelas autoridades acima, nomeadas, e depois porque ela é tão revoltosa, que em vida de seu marido fez sair da Congregação as duas nações como acima falei.

Souza Provou vossa mercê muito bem o seu dito com a humana e Sagrada Escritura. E como no mundo, sempre há pessoas inimigas da paz, e do sossego, se ajuntaram com a dita viúva quatro dos congregados, ou dos malcontentes, digamo-lo assim, com o sentido de extorquir, as esmolas, já afomentando-a já com o ruim conselho com dolo e malícia dizendo que foram íntimos e cordiais amigos do defunto seu marido, que a queriam por regenta, tudo para um mero fingimento para por este meio poderem de todo perder a esta Congregação, querendo à força que lhes contribuam, com as esmolas para o extorquimento como já acima se diz. E quando é muito certo que o maior número, e o todo desta Congregação está cá, que os assinados já passam de 113 pessoas, parece que o menor, não pode exceder ao maior, como se vê nas Repúblicas bem-ordenadas.

Cordeiro Enquanto da minha parte e dos mais sabemos que vossa mercê é o nosso regente sem questão, e dúvida alguma por que o fizemos, e o defunto Monte o deixou já feito. Vamos continuando com a nossa devoção em sufragar as Almas dos nossos parentes e o mais que diz ser respeito ao nosso adjunto e Congregação.

Souza Agora me disse o nosso procurador-geral da Congregação Luiz Roiz Silva que os autos da demanda que vossas mercês têm com a viúva a respeito do cofre e os mais trastes que foram para a conclusão. E eu sempre disse que não andassem com isto porque ela virá com tais arengas, e miscelâneas que dirá e com efeito o tem dito, o ser os tais trastes de seu marido, e eu não estou para estas cousas porque quero a minha quietação.

41 (41)

Cordeiro Muito é para admirar, e ver as inquietações que esta senhora procura, não só para si, como para os seus nacionais. Devendo observar os bons documentos que o defunto marido lhe deu, como inestimáveis lojas e prenda do seu amor, pelo muito que o amava, e não deverá exceder aos preceitos invioláveis que entre os vinculados se observavam desfazendo mutuamente aquilo mesmo que o defunto esposo lhe havia incumbido, com frívolas razões que não adéquam com os quilates do mesmo preceito. Pois deverá observar intrinsecamente aqueles mandatos, por serem últimas vontades a que se não deve faltar. [espaço] Enquanto aos autos, ontem me disse Luiz Roiz Silva, que foram para a conclusão. Deus lhe ponha de Sua santa virtude.

Souza As mulheres hoje, custam a fazerem vontades a seus maridos em vida, quanto mais depois das suas mortes. O que elas cuidam é ver que seus maridos as deixam bem arrumadas, e se ficou muito dinheiro para elas logo gastarem. E não cuidam mais em nada, e nem lhes importa. E o que faz mais admirar muitas vezes, nem na Alma dos maridos cuidam, mandando-lhes fazer os sufrágios e obras pias, mas antes pelo contrário se dão a quantos vícios há. Oxalá, que nisso mentisse porque conheço algumas destas, e proverá a Deus que assim não fosse, escusava haver tantas desordens como tem havido.

Silva Venho muito aflito!...

Cordeiro O que tem, e o que lhe sucedeu?

42 (42) **Silva** Venho dar parte ao senhor regente que a demanda que trazíamos com a viúva do capitão Monte saiu a favor dela, para não entregar o cofre, e os trastes, que pertence ao nosso adjunto ou Congregação, que estou sem sangue por ver a falsidade que usou conosco, sabendo muito bem que custou nosso dinheiro.

Souza Para mim não serve de testo e nem de admiração que a sentença saísse a favor da viúva, porquanto sempre disse que a não mandassem notificar e ainda quando me deram posse desta regência no consistório dos gloriosos santos Elesbão e Efigênia, aonde todos se acharam, a primeira cousa que propus depois da posse foi que cada um desse o seu voto, se mandariam notificar a viúva ou não, e vossas mercês todos disseram que sim, que era bom notificá-la, e eu disse que me não metia com isso, e assim vejam o que fazem porque eu não quero desinquietações pois basta o que tenho passado com este adjunto e Congregação, a respeito de fazer bem a meus irmãos.

Cordeiro Senhor regente, não se aflija pelo amor de Deus, que a viúva não venceu porque fossem os trastes seus ou de seu marido, e nem ela aprovou *insolidum*,[20] e nem podia aprovar, porquanto da sua parte deu cinco testemunhas. E entre essas, houve duas contraproducentes. E nós provamos com treze testemunhas, enfim demandas, é o mesmo que jogo.

Souza Pois, como saiu esta sentença?

Cordeiro A sua maior cláusula, é que ficará sem efeito o termo que nós fizemos e que ela dita viúva, fosse caixa, ou guarda daquele depósito, e não lhe dá mais poderes para cousa alguma.

Silva Apelou-se para a Relação[21] e veremos.

Cordeiro Em que termos está a apelação, senhor Luiz Roiz Silva?

Silva Foi confirmada a sentença.

43 (43) **Cordeiro** Pois a sentença não lhe dá mais poder, que ser uma mera tesoureira, para guardar o dinheiro que lhe derem, e não para dizer que é imperatriz da Costa da Mina, como vossas mercês bem estão ouvindo, e juntamente querer à força que vamos todos a lhe contribuir, com a nossa esmola, proibindo-nos que não vamos aqui e nem acolá, sem sua ordem e determinação, pondo-nos em tão grande aperto, tanto assim que chegou a mandar tirar a cópia da sentença e com ela fez um requerimento ao ilustríssimo excelentíssimo senhor vice-rei dizendo que não queriam cumprir com acórdão do Supremo Tribunal da Relação. E que o nosso regente impedia a que fôssemos à sua casa para lhe darmos o dinheiro para ela meter no cofre, e que, e que era cabeça de motim. E que todos os da Congregação a queriam por regenta. Foi servido sua excelência de mandar chamar ao rei de Nossa Senhora do Rosário, e ao nosso regente. O que lá passou ele como está presente o contará melhor.

Souza Admirado estou da grande imprudência desta viúva com a sentença que alcançou contra os seus irmãos, pois não deveria assim obrar, se bem que a mim, me tem feito todo o mal que pode, e tem inventado o seu odioso rancor porque me tem mandado notificar várias vezes, sem eu lhe dar a mínima causa, tanto assim que não queria que fosse à igreja de Nossa Senhora do Rosário e a de Santa Efigênia vestido e com Estado. Vejam vossas mercês se isto é de pessoa que tem juízo. Ao mesmo tempo, que esta senhora sabe muito bem a criação e educação que tive e o conceito que o defunto seu marido fazia de mim, pois não obrava nada sem o meu conselho e beneplácito, e chegou tanto a sua maldade, que procurando todos os modos de perder-me fez ajuntar a sentença da demanda que obteve contra os seus irmãos, como acima se diz, fazendo um sinistro requerimento ao ilustríssimo e excelentíssimo senhor vice-rei, queixando-se que não queriam cumprir o acórdão do Supremo Tribunal da Relação, acusando-me que por minha causa o não faziam, dando a entender que era cabeça de motim e que todos os da Congregação estavam da sua parte e que eu impedia para não irem lá. Vendo sua excelência estas queixas, foi servido mandar chamar ao rei de Nossa Senhora e juntamente a mim, para irmos à sala, e depois de estarmos lá me mandou o dito senhor dizer, que se queria sair que fosse à casa da viúva, digo, se queria sair à função do Rosário que havia ir ter com a viúva, e se saísse sem lá ir havia de ser preso e bem castigado, e essa foi a ordem que recebi da sala, o que foi cumprido sem a menor discrepância, e vejam vossas mercês que falsidade, e vejam que ódio com que intentou ofender-me, se sua excelência por sua

44 (44)

inata bondade e clemência, me não valesse, dignando-se em despachar o requerimento que (cumpriram o acórdão), talvez imaginando a minha pouquidade e inocência como todos bem sabem talvez me mandaria castigar.

Cordeiro Enquanto o bulir com vossa mercê me presente ser despropósito, como o mandar notificar para não ir à igreja de Nossa Senhora do Rosário e a Santa Efigênia com Estado, porventura vossa mercê saiu algum dia com a coroa na cabeça? Ou se é desses que andam com benguelas[22] e demais? Que poderes tem essa senhora em nós outros? Porque segundo o que colijo da sentença, não é senão uma tesoureira para os que quiserem entregar-lhe dinheiro para o cofre, e como nós não queremos dar as nossas esmolas, porque sabemos muito bem o fim para o que é, [espaço] esta é a razão de toda a bulha. [espaço] Porquanto vossa mercê não é culpado em nada, e nem se lhe pode pôr culpa, bem sabido é que obrigamos por justiça para ser regente da nossa Congregação e votando todos em vossa mercê, como se vê do Livro do Termo à folha [ilegível], escusado é arguir-lhe culpas. Esta Congregação é uma devoção feita por vontade de todos, que não foi obrigatório, porque nunca teve estatutos, e para ela ser regenta, é preciso que seja por vontade de todos e não de quatro somente, porque bem vemos nas histórias sagradas e humanas, e ainda gentílicas, que quem faz o rei é a vontade do povo, e assim tenho dito o que hei de dizer a respeito desta Congregação ou adjunto, porque tempo virá em que se conheça melhor, a sua má conduta, e intenção orgulhosa com que pretende destruir esta tão boa devoção que seu marido tanto encomendou na pessoa de vossa mercê.

45 (45)

Souza Deus louvado para sempre, nunca fui citado e nem demandado, e nunca desatendi, pessoa alguma como é notório.

Cordeiro Alembrado estou de quando vossa mercê fez os estatutos para a Congregação, lhe pedi que me contasse algumas histórias das nossas terras, já que se mostra tão apaixonado em fazer bem para os naturais dela.

Souza Vossa mercê pede uma cousa muito dificultosa a que lhe não posso dar remédio algum.

Cordeiro Como diz vossa mercê, que me não pode dar remédio algum, se conheço que se quiser, me há de servir?

Souza Está boa teima, se não sei bem a língua portuguesa como o hei de satisfazer?

Cordeiro Pois se vossa mercê se desculpa, não quero mais lhe importunar, quero somente que me dê notícias da fundação daquela grandiosa fortaleza de São Jorge da Costa da Mina até o Reino de Benim, que tanto me gabam,[23] que lhe ficarei eternamente obrigado, porque como vim de lá de menor idade, não tinha juízo de saber, de distinguir do bem e do mal, e ainda que a tivesse era novo, não teria quem me explicasse a esta curiosidade.

Souza Lhe parece não ser nada o que vossa mercê pede, pois saiba que é muito que estas notícias pertencem aos pilotos, mas para o servir farei todas as diligências que possível for, dando-me Deus saúde.

Cordeiro Muito obrigado a sua pessoa da honra e favor que me faz de que não sou merecedor. Mas ai, que tenho que ir, mais cedo para casa, porque assim mo pediu minha mulher, talvez para irmos, de visita à casa da comadre. Que amanhã virei mais cedo, se não tiver ocupação que me prive de assim o fazer, e adeus.

Souza Quando vier, se eu não estiver em casa tenha a bondade de esperar um bocado, que bem sabe, que todos os dias, gosto de ouvir minha missa, e adeus.

Fim da primeira parte

[mudança de página incompleta]

47 (47)

Diálogo segundo em que se dá notícias da fundação da grandiosa fortaleza de São Jorge da Costa da Mina, edificada nas costas de África em Guiné, e dos seus portos até o Reino de Benim e outras notícias curiosas, por Francisco Alves de Souza, preto e natural do Reino de Makii, um dos mais excelentes, e potentados daquela oriunda Costa da Mina.

Interlocutores
Francisco Alves de Souza, e o alferes Gonçalo Cordeiro

Capítulo 1.º

Cordeiro Oh de casa, está aí o senhor Francisco Alves de Souza?

Souza Entre, quem é? Que estou em casa e a porta está aberta. Oh! É o senhor alferes Gonçalo Cordeiro. Entre que estou à sua espera pois já passam das nove horas.

Cordeiro Não vim mais cedo a procurar as suas ordens porque as ocorrências que houveram de ocupações me privaram de não ter essa dita, quando é muito certo que passei toda esta noite desvelado da contínua lembrança do nosso país. E tanto que me roubou o desejado descanso e alívio que a nossa natureza está sujeita. E com esta atribulação desvelei todo o tempo em que durou a fúnebre escuridade, desejando que a preclara aurora, lisonjeasse com a sua luzeira, me guiasse ao teatro inestimável desta nossa conversa. Fiado no seu primor e palavra que deu ontem de noticiar-me com a fundação da memorável Fortaleza de São Jorge da Costa da Mina, e de todos os mais portos daquela oriunda costa, e algumas vilas, cidades, léguas por léguas, com seus graus de longitudes, e latitudes, com seus costumes, barbaridades e ritos, até o Reino de Benim.

Souza Para dar cabal resposta ao que vossa mercê me pede lhe digo que passou muito adiante o seu peditório, porque já ontem lhe disse que estas notícias pertençam aos pilotos, porém vejo que além do que ontem me pediu, adiantou-se tanto o quanto, pois bem sabe que nunca fui piloto e nem versei aulas, e menos fui engenheiro. Maiormente, o que faz acaso é não saber bem a língua portuguesa ou seu idioma. Como poderei satisfazer a vossa mercê com todas estas miudezas que pede?

Cordeiro Não importa que vossa mercê seja piloto, nem que estudasse em aulas, nem que seja engenheiro, como também que saiba bem a língua portuguesa ou seu idioma. Porque o que se quer nos homens, é habilidade, e bom juízo, e sendo senhor destas duas condições, está navegado, e bons exemplos poderia eu agora contar-lhe a este respeito porém deixo por não ser importuno, e nem quero que vossa mercê me tenha por prolixo, mas só lhe alembro daquele antigo adágio, que diz que debaixo de uma ruim capa, se achava um grande bebedor.[24] Isso lhe digo por me trazer semelhantes arestos que a Deus Nosso Senhor nada Lhe é impossível para ostentação da Sua maior glória e confusão de outros, que as confere a quem Ele é servido.

Souza Mais animado me acho, agora com a expressão desta resposta e farei tudo o que me pede, sem a menor discrepância pois saberá que sou um tanto importuno, e para o noticiar diretamente no que pede é preciso que principiemos da linha equinocial, porque estas partes de África, e Guiné, estão algumas debaixo da zona tórrida.

Cordeiro Quero que vossa mercê me diga que coisa é zona tórrida, porque tenho me achado em várias conversações aonde se tem falado muitíssimas vezes, nesta tal zona.

49 (49)

Souza Para lhe mostrar que coisa seja a zona tórrida é preciso fazer um capítulo.

Cordeiro A tardança me apura, pois faça-se.

Souza Capítulo 2.º dá notícia da zona tórrida. A zona tórrida é aonde o sol faz trópico, a saber do norte a linha equinocial, 23 graus $\frac{1}{2}$ minuto, e de sul ao norte outros 23 graus e $\frac{1}{2}$ minuto.

Cordeiro Desejo saber quantas léguas tem um grau, e seus minutos.

Souza Tem de léguas cada grau dezoito de latitude do norte ao sul, e um grau tem sessenta minutos.

Cordeiro Muito bem. Diga-me que quer dizer zona.

Souza É o espaço do globo terrestre compreendido, entre os dois círculos paralelos, entre si, e a respeito a quadro, este espaço é como uma banda ou faixa, que contém muitos climas, dividem os geógrafos em cinco zonas ou partes, considerando segundo os diferentes graus de frio ou de calor, estas zonas são a tórrida, duas temperadas e duas frias, ou glaciais.

A zona tórrida é todo o espaço compreendido entre os dois trópicos divididos por quadro, em duas partes iguais. Uma delas é meridional, e a outra setentrional. Chama-se tórrida, porque o sol fere perpendicularmente aos que habitam nela, e recebe tanto calor, que os antigos creram que era inabitável.

As zonas temperadas, estão entre a tórrida e as glaciais, e são um espaço contido entre os trópicos e os círculos polares. Não faz nelas nem muito frio, e nem muito calor. [espaço] As zonas frias ou glaciais se terminam em os círculos polares de uma parte, e dos polos da outra, e se chamam assim porque deixando-se ver o sol sobre o seu horizonte, somente uma parte do ano; com frio, em excessivos.

Cordeiro Estou muito satisfeito com a explicação da zona tórrida, que o melhor piloto, a não faria com melhor agudeza e energia, mas peço-lhe que vamos adiante para me dizer quem foi a causa por onde se descobriu estas terras, de África, em Guiné, e em que tempo, e de que rei.

Souza Já no tempo do reinado do senhor dom Afonso v, fidelíssimo monarca de Portugal, havia comércio nas costas de África, em Guiné, de marfim e ouro, como adiante se mostrará, sendo autor, destes descobrimentos o senhor infante dom Henrique, filho terceiro de el-rei dom João, o primeiro, também de Portugal, que com o desejo que tinha da conversão dos infiéis, e propagação da santa fé católica e do crescentamento [sic] da Coroa deste reino, e como bom geógrafo, e matemático, que era alcançou tanto desta ciência que, mediante a sua profunda erudição, mostrou ao mundo, que havia antípodas, e que a zona tórrida, era habitada, cousa naqueles tempos ignorada de todos os matemáticos e cosmógrafos, contra os que trazem autoridades de santo Agostinho, e Lactâncio Firmiano, que nega em muitos lugares, haver antípodas, que são os habitantes das terras que o infante queria descobrir. E informando-se o dito infante dos mouros de Ceuta, quando lá esteve, veio a ter notícias dos desertos, de África, a que eles chamam Saara[25] e dos povos que eles chamam azenegues, que confinam com os pretos Jalof, aonde se começa a região que os mouros chamam Guinacula,[26] e em português quer dizer Guiné, tomada o seu distintivo da cidade Jené,[27] que pelo muito bom ouro, que tem é celebrado o seu comércio, situada não muito longe do mar daquelas partes, mas muito remotas, em África, aos reinos de Fez e Marrocos. Esta pequena e confusa informação ajuntou ao infante a todas as mais especulações matemáticas, em que tinha trabalhado muito, com as quais depois de vários pensamentos veio a determinar consigo, a mandar dois ou três navios todos os anos descobrir a costa além do cabo de Não, que era, o termo da terra descoberta, aos navegantes de Espanha, por aquela parte, mas os navios, que lá foram por algumas vezes, não descobriram mais que até o cabo Bojador, sessenta léguas além.

Cordeiro Visto isto não chegou o infante a descobrir em sua vida, a Costa da Mina, inteiramente, que chegasse a fazer negócios e ir, o ouro para Portugal; que tivesse ele o gosto por trabalhar muito em dar direções, e ser muito empenhado para estes descobrimentos.

Souza No tempo do infante dom Henrique, é que se descobriu a mina da Costa de Guiné, em África, tanto assim que o papa Calixto III, de nação valenciana, convocou os príncipes cristãos, da Europa, para com uma poderosa liga fazerem cruel guerra, aos turcos inimigos comuns da cristandade e entre todos eles, só el-rei de Portugal, dom Afonso, por ser príncipe, muito católico, e de grande coração, em que o real sangue, para empresas grandes servia, prometeu de servir a Deus e com efeito aceitou, a empresa, com 12 mil homens pagos à sua custa, por um ano, de que satisfeito o papa lhe concedeu a cruzada, para a conquista de Jerusalém, que há muitos anos estava, inventada, e solenizada por el-rei dom Afonso. Mandou em memória dele e desta empresa, e para o efeito dela, lavrar novas moedas, de ouro que lhe vinha da Mina da Costa de Guiné, que o infante dom Henrique seu tio, descobriu, e negociou, e pôs-lhe o nome de cruzados que foram a primeiros, em Portugal, e do mais fino ouro, e sólido em toda perfeição.[29] Mas aproveitaram pouco estas diligências e aparato de guerra, porque sucedeu no melhor do tempo a morte do papa Calixto, ministro, e autor destas empresas. Digo a vossa mercê que sucedeu isto no ano do Senhor de 1458 e o infante passou desta vida no ano de 1460. E no ano de 1479 durando ainda as diferenças entre Portugal, e Castela, sabendo o príncipe dom João, que uma armada de Castela, andava na Mina resgatando o ouro, sem sua licença, e contra sua proibição, mandou logo contra ela, outra por capitão Jorge Correa, comendador do Pinheiro, e logo depois outra com seu capitão Mem Palha, ambos especiais cavaleiros, os quais achando, os castelhanos fazendo seu resgate, deram nele com tanto esforço, que o desbarataram, e lhe tomaram suas frotas com muito ouro e mercadorias, prendendo todos, os que escaparam com vida, trazendo-os a Portugal, aonde pela paz que se concluíram no mesmo ano, alcançaram liberdades. Tenho dado resposta a vossa mercê da sua pergunta, para vir no conhecimento que o infante dom Henrique, ainda que tivesse tido muitos trabalhos, em dar direções, ora com juízo ora com especulações matemáticas, não deixaria de ver o fruto e gozar do seu bem merecido trabalho, ainda que em sua vida, não chegasse efetuar, todo o descobrimento, que pretendia mas contudo chegou a ver, com seus olhos parte delas, aonde entrou o da Mina, Costa de África, que é o assunto da presente história.[30]

Cordeiro Está tudo bem dito, porém, sei que em vida do infante dom Henrique, autor destes descobrimentos, já se fazia o resgate, tanto do ouro, como de alguns escravos que a Portugal foram de Guiné, Costa do Ouro, que ele gozou e viu em sua vida o dito infante, mas a minha dúvida não é essa.

Souza Desejo saber qual é.

Cordeiro A ocasião da minha dúvida é que tendo me contado vossa mercê tantas histórias, dos descobrimentos desta Costa do Ouro, em Guiné, aonde todos iam fazer seu resgate tanto do ouro, como marfim, não tem ainda vossa mercê declarado quem foi o capitão ou cavaleiro, que a descobriu, ou em que tempo isso foi, porque faz suas confusões, [espaço]   53 (53)

Souza Ainda que depois da morte do infante dom Henrique, autor destes descobrimentos assim pela conquista de África, como pelas guerras, e deferências de Castela, fosse pouco continuado o descobrimento das Ilhas e Índias Orientais. Contudo por alguns cavaleiros portugueses se fizeram algumas cousas em tempo deste rei dom Afonso que não merecem esquecimento, porque andava tão corrente entre os portugueses, o negócio, e comércio de Guiné e, que chegou Fernão Gomes, cidadão honrado de Lisboa, arrendar a el-rei este comércio por 200 mil réis cada ano, em o ano de Senhor de 1469 com certas condições, e limitações, entre elas, que em cada um destes cinco anos (portanto era o contrato) fosse obrigado a descobrir pela costa em diante cem léguas. E que todo marfim, havia de ser de el-rei a preço de 1500 réis por quintal, o hoje vale em Lisboa muito mais, por cousa muito estimada, tinha Fernão Gomes, poder resgatar cada ano, um gato-de-algália, mas ele foi tão diligente, e bem-afortunado, neste descobrimento, que em janeiro de 1471 descobriu o resgate do Ouro, onde agora chamamos Mina, que por esta causa, lhe ficou por apelido de nobreza e foram ministros desta obra João de Santarém, e um Escobar, ambos cavaleiros da casa del-rei, e piloto Martim Fernandes de Lisboa, e Álvaro Esteves de Lagos, que naquela arte foi o mais extremo do homem que havia em Espanha. Acabou Fernão Gomes o seu arrendamento, fazendo-se nele mui rico, e me parece que é o em que consiste a sua vida.

Cordeiro Estou satisfeito, e peço-lhe que vamos adiante.

Souza Tanto que começou a reinar, o senhor rei, dom João o 2.º. Logo entendeu continuar as novas conquistas, por seu tio, e pai, com tanto trabalho, começadas e vendo por experiências, que o negócio de Guiné fazia e respondia, com proveito do ouro, marfim e escravos, e outras muitas cousas, e que cada dia, se descobria mais terras, e juntamente se ia manifestando o descobrimento da Índia, por onde esperava na conversão das Almas, e no aumento de Santa Madre Igreja Católica, para que se prosseguisse com mais firmeza essa santa obra, mandou uma armada bem aparelhada, de todo o necessário, e por capitão-mor dela, Diogo de Azambuja fidalgo muito experimentado nas cousas da guerra, em que logo, edificou uma fortaleza, que chamou de São Jorge da Mina, pela afeição que el-rei tinha a este santo. Partido este capitão, de Lisboa, e chegando a salvamento àquela Costa da Etiópia, a 19 de janeiro de 1482, logo mandou dizer a primeira missa, que naquela tórrida zona, se disse ao pé de uma grande árvore, que estava em o lugar, onde hoje está a igreja de São Jorge, e se diz todos os dias, uma missa, pela Alma do infante, dom Henrique, primeiro autor do tamanho bem, e a primeira cousa que o capitão Diogo de Azambuja, tratou com o rei Caramança daquela costa, foi que quisesse receber água do santo batismo que por ser o principal intento que os reis e príncipes de Porutgal desejavam nestas suas novas conquistas, e elas vieram a ser de tanto proveito, como depois se viu. Passado este ato dos divinos louvores, que deve ser ordinário princípio, em todas as cousas que se deseja bom fim, e se começou a fábrica da fortaleza, dali a dois dias, por consentimento de seu rei Caramança, e como de Portugal se levava todos os materiais, para se fazer a dita fortaleza, deram tanta pressa na obra que a concluíram, em menos de vinte dias, pondo-a em estado de se poderem recolher todos e defender, e com estas notícias, e do comércio do ouro [mar]fins, e de outras cousas, começaram a cuidar de várias partes e dos mesmos sertões de Etiópia que em menos de quatro anos a estendesse tanto que el-rei dom João lhe deu título de cidade que é hoje uma das notáveis do mundo, e as pazes e comércio que nela se assentaram foram conservadas, sempre, com o conhecido proveito de muitos, e dali a três anos acrescentou el-rei dom João ao real título, o de Senhor de Guiné, e ordenou que dali em diante nas terras novamente descobertas se pusessem padrões de pedra de dois estádios de homens de altura com armas reais, entalhadas neles, e em cima uma cruz e no reverso, dous letreiros, em português, e latim em que dizia: o rei que mandou, digo, que mandara descobrir aquela terra em que tempo, e por qual capitão pusera aquele padrão.

55 (55)

Cordeiro Tenho ouvido a vossa mercê a narração da compendiosa fundação e edificação da grandiosa Fortaleza de São Jorge da Mina, pois grandes obrigações devemos os autores destes descobrimentos e principalmente ao fim para que foram destinados, a fazer-nos cristãos, crendo da santa fé católica, como conhecimento do verdadeiro Deus.

Agora, senhor Souza, desejo saber, deste porto, de São Jorge por diante, até Benim, e da sua descrição légua por léguas, vilas, e cidades, com seus graus de longitudes, e de latitudes, com seus ritos, barbaridades como lhe pedi no princípio desta história.

Souza Já disse a vossa mercê que estas perguntas, ou curiosidades devia fazer aos pilotos, e aulistas, que entendem disso, porém como tem ateimado tanto, e me tem pedido por tantas vezes, e eu o desejo servir, quero saber se vossa mercê contentará com as notícias que me deu um piloto meu amigo, que andou há muitos anos por estas partes.

Cordeiro Entendo que vossa mercê me faz nisso grandíssimo gosto.

Souza Pois já levo o salvo-conduto, porque, se errar vossa mercê me não censure, porque, o conto da sorte que me contaram.

Capítulo 3.º Da descrição das Costa da Mina, Acara, Ardra e Benim, entre o cabo das Três Pontas e o rio Formoso.

Do cabo das Três Pontas, até o dique, que é uma fortaleza dos ingleses, haverá três léguas, e adiante cousa de uma légua, está uma aldeia, de pretos chamados Butry ou Boutru.[31] Adiante cousa de outra légua, está um banco de pedra chamado de Anta, e meia légua ao nordeste, quarta do norte, do banco de Anta há uma baía pequena, com uma aldeia, chamada Tacorary.[32]

56 (36)

Do banco de Anta cinco léguas ao nordeste, está aldeia de Sama, junto do rio de São João, e a lés-sueste[33] tem um pequeno forte que ali têm os holandeses; e sudoeste quarta do sul, fica uma grande pedra, que se vê bem distante da terra. [espaço] De Sama corre a costa a lés-nordeste, quatro léguas até as barreiras de Suma, que é um monte redondo, sobre a borda do mar, com três árvores grandes, com um oiteiro pequeno da banda de leste a modo de uma ilha, pequena, na qual há malhas brancas.

Cousa de uma légua, para leste, do dito monte, redondo, ou Barreiras de Suma, está uma aldeia de pretos chamada Pequeno Comendo, e outra légua, adiante, está outra chamada Gran Comendo, e para banda de leste, se verá logo, o Castelo da Mina branquejar.[34]

São Jorge da Mina.

Cousa de duas léguas para leste, do Gran Comendo está uma terra, grossa com um monte redondo sobre si, chamada monte de Futo, e da banda do sul do dito monte bota uma ponta delgada, e nela está o famoso Castelo de São Jorge da Mina, mandado edificar por el-rei dom João, o 2.º de Portugal.

Deste ponto da Mina para leste, quarta do nordeste, está o Cabo Corso, sem arvoredo, e há do porto da Mina, a ele três léguas, por costa. No Cabo Corso têm os ingleses, a sua principal fortaleza, cabeça de todas as que têm nesta costa, e mais abaixo, uma légua, a nordeste têm os holandeses, um forte chamado de Nassau junto de uma aldeia, de pretos que se chama Murea, meia légua desta aldeia, se vê um monte chamado monte de Fierro, coberto de arvoredo, muito aprazível, e daí uma légua têm os ingleses, outro forte junto de uma aldeia, chamado, Anamabo, e daí légua e meia, têm os holandeses, outro forte, chamado de Amsterdam, junto das aldeias de Cormantim, onde se veem dous montes pela terra dentro, a que chamam, os

Frades, e daí oito léguas têm outro, perto de um monte, muito alto chamado monte do Diabo, que é muito conhecido dos mareantes, por se ver muitos dias, [areŷo], quando o vento é contrário, e por esta costa adiante, estão outros fortes dos quais o último é dos dinamarqueses, chamado Christiansborg, na Costa de Acara.[35]

Do Cabo Corso até o dito monte do Diabo, que os antigos chamavam monte de Beriqui, ou Cabo das Redes, a treze léguas, e um cabo com outro, se correm lés-nordeste, o e-sudoeste e a terra ao longo da costa de cabo a cabo, é razoadamente alta e montuosa, [espaço] Do monte do Diabo até Berkû corre a costa quatro léguas, e a lés-nordeste, e de Berkû a Acara são outras quatro léguas, também a lés-nordeste. Passada a terra alta em que está o monte do Diabo, e daí em diante, se faz uma terra, muito baixa, ao longo do mar, até o rio das Voltas, e haverá desde Acara, até o rio das Voltas, 23 ou 24 léguas, a lés-nordeste, um pouco mais para leste.

Rio das Voltas.

Este rio é muito largo na entrada, mas corre com tanta força, que se conhece a sua corrente, estando três léguas ao mar, traz tantas árvores, de dentro do sertão, arrancadas, que detendo-se e embaraçando-se umas com outras, causam na boca do rio, grandes [ilegível], de sorte que se não pode passar em uma canoa, mais que duas vezes, no ano, que é, ordinariamente desde o mês de abril, até o de novembro, mas deste mês, por diante, em que começam as chuvas, cresce muito o rio, e corre com muita fúria. [espaço] Quem partir da Mina para o rio das Voltas, ponha-se três ou quatro léguas ao mar, e faça o caminho de lés-nordeste, e irá dar na aldeia deste rio. Haverá na derrota 46 léguas, pouco mais ou menos.

Cabo de São Paulo.

Do rio da Volta ao cabo de Mondego, há quatro léguas a lés quarta de nordeste, e nestas quatro léguas, a costa é baixa, com algumas matas, pequenas de arvoredo, e daí a dez léguas, ao mesmo rumo, está o Cabo de São Paulo; [espaço] A terra deste cabo é muito baixa, e faz uma ponta de areia, que sai muito ao mar. A leste deste cabo, se veem quatro montes, pequenos, e compridos, juntos uns dos outros.

Popôs.[36]

Do Cabo de São Paulo ao Popô Pequeno haverá catorze léguas e daí ao Gran-Popô, quatro, mais adiante cinco ou seis léguas, para a banda de leste, está o porto de Ardra, chamado Fidá, ou Ajudá. Este porto é muito, é muito perigoso, principalmente nos meses de abril, maio, junho, e julho, por andar então o mar, tão grosso que será arriscar, visivelmente um navio, o querer entrar nele, e se têm visto ali muitas desgraças. [espaço] Adiante cinco léguas, está o porto de Jaquem,[37] aonde se faz muito negócio de pretos.

Rio da Lagoa.

Do porto de Ardra ao rio da Lagoa, haverá dezesseis léguas ao nordeste, quarta de leste, e a lés-nordeste, é terra toda baixa, e praia ao longo do mar, com algumas aldeias. [espaço] Este rio da Lagoa, tem uma boca, pequena, e de preamar não tem mais que duas braças. [espaço] A entrada é mui perigosa, com baixos de areia em que arrebenta o mar, o mais do tempo, e não aparece o canal, nem podem entrar, nele senão navios de trinta a quarenta toneladas. E entrando dentro se faz logo, uma grande lagoa, que tem duas ou três léguas, de largo, e outras tantas de comprido. Por este rio acima a doze léguas está uma cidade a que chamam Jabum, muito grande, cercada com uma cava em roda. [espaço] Aqui se faz negócio de escravos, e muito marfim. Está este rio em sete graus do norte.

Rio Primeiro.

Do rio da Lagoa ao rio Primeiro se corre a costa a lesueste e há na derrota 25 léguas. [espaço] Este rio tem a boca um pouco grande, que tem meia légua de largo, da parte do sueste, tem um arvoredo grosso. Deste rio, a quatro léguas estão três oiteiros, e a costa destes oiteiros ao longo do mar, tem vaza, e área, dali por diante, dez léguas toda terra é cortada, por dentro, com outros rios de maneira que se fazem muitas ilhas. E no mês de agosto, setembro, há por aqui muitas chuvas.

Rio Formoso.

Distante deste rio primeiro está o rio Formoso ou rio de Benim, distante cinco léguas ao sueste. Rio dito tem uma grande boca, de largura de uma légua, mas de preamar não tem mais de dezoito palmos de água vaza, solta, e este parcel corre ao mar quase duas léguas. O rio forma dentro, grandes quantidades de braços dos quais, alguns são tão largos, que se lhe pode dar nome, de rios.

Indo por este rio acima, da parte da mão esquerda, uma légua estão dois braços. Subindo pelo segundo braço cousa de doze léguas, está uma vila, a que chamam Aguna. [espaço] Este é o rio Grande da cidade de Benim, a qual é do tamanho de uma légua, sem muros, mas está cercada de uma grande cava, e podem ir por este rio acima, naus de cinquenta toneladas. Benim é um grande reino, e tem por capital, uma bela e grandiosa cidade do mesmo nome, em África, em o Golfo de Guiné. O seu rei, é mui poderoso, chamava-se pelos naturais,

Bá Benim, e o que presentemente está governando, chama-se pelos mesmos naturais, Dallicá,[38] e pôde pôr em pouco tempo um exército de 100 mil homens. Tem contínua guerra, com seus vizinhos, e cativam muitos escravos, que vendem a troco de manilhas, e outras cousas.[39]

Os naturais, são atrevidos, e generosos, todos são escravos de seu rei, e para mostrarem que o são, fazem em seus corpos uma cicatriz, ou marcas e golpes. Os homens não se atrevem a trazer, vestidos, se não da mão de seu rei.

Não trazem as raparigas donzelas, roupas largas se não da mão do homem, que há de casar com ela, e não se vê pela rua senão ranchos de homens e mulheres nus.

O terreno deste reino está cheio de rios, lagoas, e bosques, adonde se criam, animais, particulares, e ferozes, de toda qualidade. [espaço] As ovelhas, neste país, pelo digo têm pelo em lugar de lã. Produz muita pimenta, algodão, e dendezeiros, os holandeses fazem aqui muito negócio.

Da bárbara cerimônia que usam quando morre o rei.

Já disse acima que o rei que presentemente governa se chamava Dallicá, e estes quando morrem, lhe fazem os fidalgos da sua corte, a que eles chamam omon,[40] fazem um sacrifício matando dezesseis mais escravos, e partes dos mesmos fidalgos e príncipes, o acompanham à sepultura, aonde se enterram com o cadáver do rei defunto, com grande número de seus trastes e vestidos, matando muita gente, e com elas o sepultam, dizendo que é para se servir no outro mundo. [espaço] E a cousa de sete dias, lhe fazem outro sacrifício, matando tantos escravos, a que eles chamam ovem, dançando em cima do sepulcro do dito rei a toques de tambores, saltando ao redor dele, fazendo muitas festas, e visagens. [espaço] E dizem que sendo Deus por natureza bom não necessitava de sacrifícios, porém o fazem ao diabo, para o aplacar, adorando ao mesmo tempo a ídolos. [espaço] Tem este Reino de Benim, dois generais. O primeiro é o que vai à guerra, se chama Zzomó, o segundo que fica no reino, chama-se Jasel, e o príncipe chama-se Thenegá. O rei não aparece em público, senão uma vez no ano, e lhe fazem tãos festas, que chegam a matar mais de cem pessoas, todos escravos.

Cordeiro Estou muito satisfeito, e muito mais admirado de ver o modo, com que vossa mercê se explica, com a compendiosa narração dos portos mais principais da Costa da Mina, principiando desde o Cabo das Três Pontas até o Reino de Benim, contando léguas por léguas com todas as suas circunstâncias, costumes, ritos, e barbaridades, daqueles gentios, que um bom piloto, o não fazia melhor. Suposto que vossa mercê disse, que lhe contara um piloto, seu amigo, levando para isso o salvo-conduto porém eu digo que muitas vezes, os discípulos precedem nas ciências a seus mestres, e como estou ainda com o gosto do que a vossa mercê ouvi contar, me facilita licença para lhe pedir que, assim como me fez a honra, de explicar estes portos por léguas, quero que tenha o trabalho de o fazer por seus graus de latitude e longitude, e seus minutos; não lhe servindo este meu peditório de o enfadar.

Souza Estou aqui pronto, para tudo, o quanto for de dar gosto a vossa mercê porém no que toca ao que me pede, o farei sempre com a lembrança do que me tem contado o meu amigo, a que me sujeito.

Cordeiro Qual amigo diz vossa mercê?

Souza O piloto já referido!

Cordeiro Está nos termos, pois pode o contar sem susto porque, está debaixo do mesmo preceito de salvo-conduto.

Souza Como não variamos o sentido, com que prosseguimos, esta história, dos portos, entendemos que estamos com a mesma matéria, para o que é necessário digressão.

Cordeiro Não entendo o que quer dizer.

Souza Digo que quero fazer capítulo!

Cordeiro Pode vossa mercê fazê-lo como quiser, pois é senhor, de sua vontade, e não é necessário cerimônia para o fazer.

Souza Beijo-lhe a vossa mercê as mãos.

Capítulo 4.º em que se prossegue as notícias da Fortaleza de São Jorge da Mina; Acara, Ardra, e Benim; entre o Cabo das Três Pontas, e o rio Formoso, com seus graus, e minutos, de latitude e longitude, com outras explicações curiosas.

Do Cabo das Três Pontas, tem de latitude 4 graus 28 minutos ao norte e de longitude 18 graus 35 minutos. Portuguesa.

De Boutry ou Boutru tem de latitude 4 graus 32 minutos ao norte e de longitude 18 graus e 50 minutos.

De Sama tem de latitude 4 graus e 45 minutos ao norte e de longitude 19 graus e 4 minutos.

Comendo tem de latitude 4 graus e 50 minutos ao norte, e de longitude 19 graus e 20 minutos.

São Jorge da Mina é o famoso castelo, edificado nas costas da África, em Guiné, mandado por el-rei dom João II de Portugal, no ano de 1482. Tem de latitude 4 graus e 55 minutos a norte, e de longitude 19 graus e 30 minutos.

Cabo Corso, é em Guiné nas costas do Ouro, em África, com uma vila, do mesmo nome, cercada esta a maior e principal fortaleza dos ingleses, depois de São Jorge da Mina, e tem de latitude 4 graus 57 minutos ao norte e de longitude 19 graus e 40 minutos.

Murea é um pequeno reino, e por outro nome Sabou fica sobre a Costa do Ouro, em Guiné, e é mui fértil, produz grãos e várias frutas, e tem muitas vilas, e entre as quais, é a principal Sabou, aonde os holandeses, têm o forte chamado Nassau, e tem de latitude 5 graus e de longitude 19 graus e 44 minutos ao norte. Cormantim é um país com uma vila do mesmo nome na costa do Ouro, em Guiné, com dois fortes, que pertenciam, aos ingleses, porém os deitou dali o almirante Ruyter, no ano de 1665 e têm nela os holandeses, um forte com boa guarnição, chamado Amsterdam, e tem de latitude 5 graus e 4 minutos ao norte, e de longitude 19 graus e 54 minutos. Monte do Diabo, é muito conhecido dos navegantes, como já se disse, e tem de latitude 5 graus e 12 minutos ao norte e de longitude 20 graus e 18 minutos.

Berku tem de latitude 5 graus 17 minutos ao norte, e de longitude 20 graus e 30 minutos.

Acará, um país, com uma vila do rei de Agambu, sobre a Costa de Guiné. Têm ali, os holandeses, digo os ingleses, uma vila, com um forte, o mesmo têm os holandeses e dinamarqueses, e este país é o melhor de todos os da costa, e mui útil aos pretos pelo seu comércio. Tem de latitude 5 graus 22 minutos ao norte, e longitude 20 graus 42 minutos.

Rio das Voltas (veja na descrição à folha 37 aonde já se disse) tem de latitude 5 graus 44 minutos ao norte, e de longitude 21 graus 55 minutos.

64 (44)   Cabo de São Paulo (veja a descrição à folha 38) tem de latitude 5 graus 53 minutos ao norte, e de longitude 22 graus 40 minutos.

Popô tem de latitude 6 graus 15 minutos ao norte, e de longitude 23 graus 15 minutos.

Ajudá ou Fidá, porto de Ardra, tem de latitude 6 graus e 15 minutos ao norte, e de longitude 23 graus 20 minutos.[41]

Rio da Lagoa, tem de latitude 6 graus 55 minutos ao norte, e de longitude 24 graus 30 minutos.

Rio Formoso, ou rio de Benim, tem de latitude 6 graus e 20 minutos ao norte e de longitude 26 graus.

Cordeiro Já vossa mercê acabou a narração da Costa da Mina!

Souza Entendo que sim, se não houver alguma dúvida, que encontre o que tenho dito.

Cordeiro Não há nenhuma e nem pode haver segundo o que colijo pelo que lhe fico, muito obrigado, por tanto trabalho, o quanto tem tido por meu respeito, que Deus lhe dará o pago. Eu estava para lhe pedir, uma cousa, mas tenho vergonha de o fazer porque o tenho importunado muito e porque também o vejo ainda muito cansado, e fadigado, da compendiosa história dos portos da Costa da Mina, pois ainda falta o dizer-me...

Souza Esta boa história, dizer-me o quê?

Cordeiro Sim, o dizer-me, se o Castelo de São Jorge da Costa da Mina assim como os portugueses, tiveram todo o trabalho em descobrir, e edificar, se hoje ainda é dos portugueses.

Souza Pois para isso é preciso estar, a gaguejar, há mais de uma hora. Não sei que paixões tem vossa mercê com esse castelo que sempre me está a perseguir com perguntas. Sim, senhor, o satisfarei. [espaço]   65 (45)

Cordeiro Não se enfade com as minhas importunações, porque a maior paixão que tenho, é de não ver os nossos nacionais todos católicos fazendo serviços a Deus que é o fim para o que fomos nascidos.

Souza Algum dia, nos fará Deus essa vontade, porque Ele sabe, muito bem, o que faz, melhor do que imaginamos, porque os seus incompreensíveis, e altos juízos, ninguém, os pode compreender, mas antes os confere. Aqueles a quem, Ele é servido e é para temer, do que examiná-Lo, porque todas as maravilhas que temos recebido e recebemos da Sua onipotência e liberal mão, desde o princípio do mundo, sempre foram devagar. Pois virá tempo, que vossa mercê veja cumprido este seu gosto, quando menos o imagine, assim como dantes, cuidavam os antigos que não havia, mais terras, senão aquelas, que eles estavam e o depois quando Deus quis, e foi servido, mostrou-lhes dando--lhes, conhecimentos e juízos, para assim o fazerem navegando por incógnitos mares, a descobrir, as terras, e nações nunca vistas em Europa, como tem visto nas relações que dito fica.

Cordeiro Esta é a mesma verdade, porque o mais, é não ter fé. Não se esqueça por seu amor da pergunta que lhe fiz, que todo este é o meu empenho.

Souza Qual pergunta, que já me não alembro?

Cordeiro Se ainda o Castelo de São Jorge da Mina, está em poder dos portugueses, pois foram os que a descobriram.

Souza Não há neste mundo gosto perfeito, e nem cousa que dure, porque os trabalhos, que os portugueses tiveram, quando descobriram, essa nossa Costa de Ouro em Guiné, foram grandes os zelos com que edificaram, aquela grandiosa fortaleza de São Jorge da Mina, não somente para o resgate do ouro, e seu comércio, como para, abrir caminho, àqueles gentios, ao conhecimento do verdadeiro Deus, a fim de os ir atraindo, com suavidade, de oneroso cheiro, da boa doutrina, a propagação da santa fé católica, que plantaram naquela costa, com os batismos, que fizeram, invejoso o demônio, inimigo capital do governo humano, a perturbar esta santa obra que no ano de 1621 sendo rei de Portugal, dom Filipe IV de Castela, que reinou dezenove anos até a feliz aclamação do seu legítimo rei, o senhor dom João o 4.º da gloriosa memória. Em o 1.º de dezembro de 1640 deixaram os castelhanos por omissão tomar, o grandioso castelo de São Jorge da Mina, com tanto trabalho custado aos portugueses, porque em 1637 se apoderou dela, o coronel o holandês, Henkin. E esta perda, não fez abalo nenhum, nos corações empedernidos dos castelhanos, porque com a mesma audácia e axioma, deixaram, também, tomar, muitas praças e vilas, que os portugueses, possuíam, nas Índias Orientais, talvez adquiridas com trabalhosas, e sanguinolentas batalhas.

Cordeiro Com efeito tomaram os holandeses o Castelo de São Jorge da Mina, pois estou com a minha pena, forte desgraça. Diga-me de quem tomaram, se dos portugueses, ou dos castelhanos.

Souza É possível vossa mercê parece que não toma sentido, no que se lhe conta. Já disse acima que os holandeses, o tomaram em poder dos castelhanos, porque no ano em que isso sucedeu estavam os portugueses, debaixo da sujeição, do rei de Castela, e não só tomaram, esta fortaleza de São Jorge da Mina mas também tomaram, na Índia Oriental, e outras partes várias praças, e vilas, que eram dos portugueses, tudo causado por omissão, e descuido dos castelhanos. Vossa mercê entende o que acabei de dizer?

Cordeiro Sim, senhor, agora o entendo muito bem. Forte lástima, em deixar perder, tantas terras, isso para mim, é mais que omissão. Diga-me, senhor, estas terras que os holandeses, tomaram aos castelhanos, eram só do domínio de Portugal, ou também eram dos castelhanos?

Souza Pela lamentável perda de el-rei dom Sebastião nos campos de África, em 4 de agosto do ano de 1578,[42] invadiu el-rei dom Filipe II de Castela, este reino, e tomando-o à força de armas, se introduziram reis de Portugal, os três Filipes: pai, filho e neto, por tempo de sessenta anos e no fim deles, restituída a coroa a seus naturais, provalmente digo provavelmente é de crer, que as terras, que se tomaram, eram de um e outro, porque as tomaram no tempo que os castelhanos, governavam, tudo, pelo seu rei, dom Filipe. Não tomaram os holandeses, somente terras, se não alguns navios também e outras cousas. O que sei é que o fizeram no tempo que os castelhanos governavam a Portugal.

Cordeiro Esta boa razão, mas desejava, saber, se não causasse a vossa mercê algum detrimento, das terras, e navios, que os holandeses, tomaram, aos castelhanos, pois me não capacito que estes a largassem, sem o custo de uma sanguinolenta batalha.

Souza Capítulo 5.º das conquistas e estabelecimentos dos holandeses nas quatro partes do mundo.[43]

Primeiro em América e outras partes.

Em 1598 Olivier de Nort partiu de Roterdam, passou o estreito de Magalhães, chegou às Índias Orientais e voltando pelo cabo de Boa Esperança, se recolheu a sua pátria tendo dado, uma volta inteira a toda terra.

2: Jacques Mahu em 1614:   Guilherme Schouten e

Jorge Spillem Berger em 1615   Jacques, o Eremita em 1623

68 (48)

Em 1623 deram todos uma igual volta a todo o mundo.

3: Jacques Maire, em 1615 descobriu o estreito de Maire
4: Pedro Hein em 1628 se apoderou da frota dos espanhóis carregada de açúcar, na Bahia de Todos os Santos;

5: mesmo Pedro Hein, em 1629 tomou aos espanhóis, uma frota de prata junto à ilha de Cuba.

6: A Companhia de Weste em 1630 se fez senhora do Brasil, sendo seu general o conde de Nassau, no domínio dos castelhanos, que depois restauraram os portugueses.

7: Pedro Adriano [ita.] em 1628 bateu os espanhóis na ilha de Cuba, e lhes tomou dois navios.

8: Os Estados tomaram em 16.. a Nova Holanda que os ingleses, recuperaram em 1665.

9: Em 1654 fizeram os holandeses o descobrimento da Nova Zelândia.

10: A terra dos Estados foi descoberta em 1615.

11: Suriname em 16..

12: Curaçao foi tomada, aos espanhóis em 1632.

Segundo em Europa, e em África

1: Tiraram do domínio, de Espanha as sete províncias vindas com o nome de Holanda em 1579.

2: Em 1594 foram três navios buscar uma passagem, pelo norte em que descobriram o estreito de Vaigates:[44] e o gelo lhe impediu passarem adiante.

3: Guilherme Barenthon em 1596 fez a mesma viagem com um só navio, e sendo detido muito tempo no gelo sofreu a gente, extremas misérias, de que não voltaram a Holanda mais do que doze pessoas.

4: Pedro Vander Does, em 1599 se fez senhor das ilhas Canárias, que pouco depois evacuou.

5: O mesmo Pedro, em 1599 tomou a ilha de São Tomé aos castelhanos. [espaço]

6: Jaques Hemskerk em 1607 atacou a frota de Espanha, queimou cinco galeões, e fez dar à costa o resto junto do estreito de Gibraltar.

69 (49)

7: Doze navios de Zelândia em 1602 tomaram um galeão espanhol, perto da ilha de Santa Helena.

8: Quatro navios em 1595 dobraram o Cabo da Boa Esperança, e chegaram às Índias Orientais, donde voltaram carregados de imensas riquezas.

9: O coronel Henkin, em 1637 se apoderou de São Jorge da Mina na Costa de Guiné.

Cordeiro Estou pasmado com a tomada que fizeram os holandeses aos castelhanos, pois não cuidei que fossem tão frouxos e tíbios nos ânimos, quando pelo contrário, entendia que os holandeses eram homens covardes e preguiçosos, e inimigos de guerrearem, pois para me tirar dessa dúvida, roguei a vossa mercê que me contasse das terras e navios, que eles conquistaram aos castelhanos, o que vossa mercê fez, com tanta clareza, e energia que me deixa muito obrigado para o servir em tudo quanto for de dar gosto a sua pessoa, pois que em o descurso, de todo o tempo que tive a felicidade de comunicar com vossa mercê, sempre o achei tão ilustrado, nas suas histórias, que tenho vindo no conhecimento do quanto me têm exagerado, algumas pessoas do seu bom entendimento, juízo, e capacidade.

Souza Não tenho nenhuma por certo, porque estes que dizem de mim estas cousas, o fazem para o lisonjear, que não tenho juízo, quanto mais entendimento, e capacidade, como vossa mercê o diz e se reconhece em mim, alguma destas cousas a Deus o deve que é o autor, e sumo bem, de todas as bondades e virtudes, que estes louvores, sempre foram aborrecidos.

Cordeiro Com a narração que vossa mercê tem feito dos portos da Costa da Mina me vejo um tanto aliviado, das muitas saudades que tinha da minha terra, porém fica-me o pesar de não ver aquela gentilidade toda feita cristã, que este era o meu gosto, mas como é Deus assim servido, seja feita a Sua vontade.

Sousa Já disse a vossa mercê que a Deus, nada Lhe é impossível porque quando for tempo, e o destinar, Sua divina bondade, usando da Sua grande misericórdia, com estes nossos nacionais, fará que eles venham, ao conhecimento de Seu santo nome, permitindo então, ao que agora não é servido que recebam o santo batismo, para maior honra, e glória de Deus, e salvação das nossas Almas.

Cordeiro Ditosos seriam os olhos de quem os visse, porém não serão os meus, mas contudo fica-me o alívio que todos a seu tempo sejam católicos, permitindo Deus, e a nós que nos dê auxílio da Sua divina graça para com ela acertarmos o caminho da verdadeira pátria.

Souza São palavras, estas demonstradoras de quem se despede.

Cordeiro Sim, senhor, que vou hoje, para casa, mais cedo, por razão de estar pronto, para receber umas visitas, que hão de ir à noite. E fique Deus na sua companhia, que vou mui saudoso lembrando-me de alguns documentos que recebi nas nossas conversações. E adeus.

Souza Ele vá em sua companhia, e nos dê da Sua graça para em todo o tempo O sabermos louvar, alcançando Dele a Sua santíssima glória, que é o que, todos desejamos sendo servido de nos dar este bom fim.

Diálogo oprimeiro –

Capítulo Decimo o Seito –

Toda apesoa que estiverem asentado nesta Congregação hão de serem úmildes, porque aúmildade he huma das virtudes que vale amuinto navinda de Deos ex que Vniermo Snr. exerçitou, estando neste Mundo e em Comendou aos Seus Sagrados Apostolos, como seve dos muintos Lugares das Sima,

Queremos que onnosos Irmãos Caríssimos dexta adjunta, óu Congregação Sejão úmildes como temos dito, eporque Suinede ñas vezes fazerem algũas couxas menor desentes equerendo o reprehendelos devendo dta es deximilar se e conhecendo omal que Yinais, antes o fazem pelo contrario, enfadando se, faltando aorespeito, avbediensia eaúmildade que sereques nesta Congregação por seus mãaexemplos, quando algũm Cahir em semelhante Culpa, Será ademoestade em atto de adjunta, pela per. vez eaquela Segunda expulso desta Congregação por termo feito pelo Secretario, ea dignados pelo regente evmais grandes eauthorizados da Congregação, por trazer esta culpa algũm Fundamto de Sobirba em rexquicio devanglória, souza ouvicio não praticada entre nós,

Feitos estes Estatutos em o Rio de Pꝺ aos 31 de Janꝺ de 1786 e Eu Gonçalo Cordeiro, Secretario que oa Signis,

Gonçalo Cordeiro –

O Regente Francisco Alz de Souza

Cordeiro. Estou tam contente etam Satisfeito, que mal po so, articular palavra Souza, Dezejo que vm nepartiçe tambem da Sua ale.

Posfácio

Mariza de Carvalho Soares

Entre os séculos XVI e XIX, um total de 12 milhões de africanos escravizados foi enviado às Américas; quase 6 milhões deles desembarcaram no Brasil. No Rio de Janeiro, os africanos escravizados vindos do golfo da Guiné, embarcados numa longa linha de pequenos portos litorâneos (hoje Gana, Togo, Benim e Nigéria), estavam em minoria em relação aos trazidos da costa centro-ocidental atlântica, embarcados principalmente nos portos de Loango, Angola e Benguela (hoje República do Congo e Angola). No golfo da Guiné, esse trecho do litoral ficou conhecido como Costa da Mina, explorada pelos portugueses a partir do século XV. Essa parte do golfo atraía comerciantes de ouro e escravos, levando Portugal a construir a fortaleza de São Jorge da Mina (hoje no litoral de Gana), cujo nome faz referência ao ouro ali comprado.

O nome "Costa da Mina" foi incorporado pelos comerciantes para identificação dos africanos embarcados nessa costa e, concomitantemente, pelos próprios escravizados, como forma de autodesignação. Se por um lado não existia na África um povo Mina, e sim uma variedade de grupos étnicos com denominações diversas, identificar-se como Mina no Brasil evocava uma procedência comum a todos. Nesse sentido, Mina é uma identidade diaspórica que resulta da violenta dispersão das populações africanas no mundo atlântico durante os séculos de escravidão nas Américas.[1]

O título do manuscrito se refere aos "pretos Mina" do Reino de Makii. Os Makii, nome de um povo e de um território no atual Benim, eram um subgrupo Mina que em meados do século XVIII fundou uma pequena congregação na cidade do Rio de Janeiro, chamada Congregação Makii, instalada na igreja de Santo Elesbão e Santa Efigênia. Em 1785 eclodiu um conflito no interior da Congregação Makii que deu origem ao Manuscrito aqui apresentado. A Congregação tinha então em torno de duzentos filiados, entre homens e mulheres.[2]

Na década de 1780 a população escravizada da cidade do Rio de Janeiro era de 9 700 homens e 7 100 mulheres distribuídos em 5 800 "fogos", ou núcleos familiares.[3] Se consideradas como escravizadas 17 000 pessoas e $\frac{2}{3}$ dos 200 membros da

Congregação Makii, seriam 134 indivíduos, correspondendo a 1,3% dos escravos da cidade. Não existem censos para avaliar com maior certeza o percentual da população africana, mas os africanos deviam corresponder a cerca de 30% ou 40% da população escravizada. Os chamados "pretos Mina", vindos da Costa da Mina, deviam corresponder a cerca de 10% dos africanos. A visibilidade dos Makii aumenta significativamente se considerada a presença entre eles não apenas de muitos alforriados, mas também de alfabetizados, além de trabalhadores especializados, como barbeiros e quitandeiras, e militares do Regimento dos Homens Pretos, muitos deles com razoável pecúlio, incluindo joias, outros pequenos bens, escravos e até mesmo casas.

O Manuscrito é um documento inédito, sem similar no conjunto documental hoje disponível para o estudo da história da escravidão no Brasil. Deve ser lido como registro de uma experiência coletiva de escravização produzida no interior do próprio grupo, por um de seus representantes, em uma época em que a escrita era quase exclusivamente uma ferramenta das elites. É, portanto, um privilégio ter em mãos um texto escrito por um africano, narrando como ele e seus conterrâneos reconstruíram suas vidas sob as condições que lhes foram impostas pela escravização.

Para entender o Manuscrito, é necessário conhecer seu autor e o contexto no qual ele se movimentava. Ainda estavam por vir o pensamento abolicionista e a perspectiva da liberdade como direito individual e coletivo. Em meados do século xviii, a escravidão era uma instituição generalizada em todo o Brasil e também no continente africano. Ela era legal, e a única liberdade que uma pessoa escravizada podia almejar obter de seu senhor era o benefício da alforria (gratuita, ou mediante pagamento). As alternativas eram a fuga, a rebelião e a morte. A conversão ao catolicismo caminhava lado a lado com a escravização. Da recusa ao batismo às várias modalidades de convivência do catolicismo com práticas não cristãs trazidas pelos africanos, as alternativas eram muitas. Souza optou pela mais radical delas: assumir integralmente a conversão e viver sob os preceitos da fé cristã, distanciando-se de qualquer "gentilismo" ou "superstição", como já indica no título do Manuscrito.

A leitura atenta e repetida do Manuscrito e de documentos complementares me permitiu, ao longo de vinte anos, entender que os Makii do Rio de Janeiro não queriam falar sobre a difícil experiência da escravização nem relembrá-la, e sim colocar em seu lugar um passado memorável. O Manuscrito pode ser lido a partir de diferentes abordagens, mas em todas fica claro que nem os anos de escravidão nem a conversão ao catolicismo afastaram aqueles homens e mulheres do profundo sentimento de que eram Makii. Mesmo passadas várias décadas desde que haviam deixado a terra onde nasceram, continuavam a reafirmar essa identidade diferenciada.

Em meados do século XVIII, a igreja de Santa Efigênia ficava fora dos limites urbanos, num prolongamento da já então chamada rua da Alfândega. Depois da construção da igreja, esse trecho foi por algum tempo chamado rua de Santa Efigênia. O nome se perdeu, e hoje a igreja tem como endereço a rua da Alfândega, 219. A Congregação Makii já não existe nem se têm notícias dela entre os atuais irmãos da Irmandade de Santo Elesbão e Santa Efigênia, ainda hoje proprietária da igreja.[4] Entre eles restou apenas a lembrança da presença de antigos "pretos Mina". Pelo menos parte dessas informações resulta de meu próprio trabalho de pesquisa e de minha interação com a irmandade ao longo dos anos.[5]

O autor e principal interlocutor dos Diálogos

O Manuscrito é composto de dois diálogos, datados de por volta de 1786, na cidade do Rio de Janeiro. Ambos têm como interlocutores Francisco Alves de Souza e seu secretário, Gonçalo Cordeiro, que se apresentam como Mina-Makii. Como indica o título do Manuscrito, o autor do diálogo é Francisco Alves de Souza, dito "preto e natural do Reino de Makii". Não sabemos em que lugar do território Makii ele vivia, como se chamava, quem eram seus pais, ou as condições de sua escravização. Devia ter no máximo dez anos quando foi levado a um dos portos da Costa da Mina, possivelmente Ajudá. De lá seguiu para a ilha de São Tomé, uma possessão portuguesa, onde foi comprado e batizado com o nome de Francisco. De São Tomé foi enviado à Bahia. Na Cidade da Bahia (hoje Salvador), frequentou a capela do Corpo Santo (depois igreja do Corpo Santo), que ficava na zona portuária da cidade. A capela era frequentada por homens do mar associados ao comércio de escravos, por seus escravos e por alforriados. Em 1752, foi ali fundada a Irmandade de Nosso Senhor Bom Jesus da Necessidade e da Redenção dos Homens Pretos, dirigida por africanos procedentes do Daomé, na Bahia conhecidos como "jejes".[6] Francisco foi para o Rio de Janeiro em 1748 e não chegou a presenciar a criação dessa agremiação, mas certamente conheceu seus fundadores, vindos da Costa da Mina, como ele próprio. Sua passagem por São Tomé e Salvador foi relatada por ele por ocasião de seu casamento, para justificar não poder apresentar comprovação de seu batismo.[7]

Chegou ao Rio de Janeiro com cerca de doze anos. Seu comprador foi o capitão Feliciano Teixeira Álvares, um comerciante da cidade. Em 1748, quando comprou o menino Francisco, Feliciano provavelmente já estava estabelecido e se dedicando ao comércio de mercadorias, mas há indícios de que começou a vida como capitão no comércio atlântico de pessoas e mercadorias.[8] Pelo menos desde 1759 tinha uma loja na rua do Rosário, ponto valorizado da cidade, onde também residia. A rua do Rosário ficava bem próxima do terreno no qual, em 1746, um grupo de africanos vindos da Costa da Mina, de São Tomé, de Cabo Verde e de Moçambique começara a construir a igreja de Santa Efigênia, para ali instalar a Venerável Irmandade de Santo Elesbão e Santa Efigênia, fundada em 1740. Até então, o grupo se reunia na igreja de São Domingos, também situada nas proximidades. Ainda menino, Francisco certamente acompanhou essa obra, e ali passou a conhecer ou a reencontrar outros Makii trazidos para a cidade. Cresceu e viveu boa parte de sua vida como escravo, e foi escravo por muito mais tempo que a média dos africanos Mina na cidade do Rio de Janeiro.[9] Já com cerca de quarenta anos, apesar de suas nítidas qualidades e de certamente ter acumulado algum pecúlio, Francisco continuava escravizado. Foi como escravo que, em 1777, deu entrada na documentação para habilitar seu casamento na matriz da Candelária.

O motivo de tão longo cativeiro permanece desconhecido. Talvez seu senhor se recusasse a alforriá-lo. Talvez seu preço fosse excepcionalmente alto, exigindo anos de trabalho do próprio Francisco e provavelmente de seus congregados. O certo é que, em 1785, quando foi eleito regente da Congregação Makii, já estava casado e alforriado.[10] Pouco se sabe sobre como viveu os quase quarenta anos de sua vida entre 1748 e 1785. Em muitos casos, o tempo transcorrido entre o batismo e a alforria comprada pelos africanos Mina girava em torno de dez a quinze anos. Souza permaneceu como escravo por no mínimo trinta anos, trabalhando na loja de seu senhor na rua do Rosário. Foi ainda como escravo que teve a oportunidade de aprender a ler, escrever e fazer contas. Em 1777, quando resolveu se casar, seu senhor devia ter cerca de setenta anos. É possível que Souza só tenha conseguido sua alforria por ocasião da morte de seu senhor.[11]

Na década de 1770, Feliciano Teixeira Álvares já era comerciante de nome na praça do Rio de Janeiro e membro da Venerável Ordem Terceira de São Francisco da Penitência. Essa irmandade reunia muitos dos grandes comerciantes da cidade que haviam iniciado suas fortunas com o comércio de cativos.[12] A inserção de Feliciano Teixeira na Ordem Terceira de São Francisco deve ter ajudado Francisco a conhecer a doutrina cristã. A influência da Ordem sobre a Irmandade de Santo Elesbão e Santa Efigênia pode ter sido maior do que as fontes até agora permitem comprovar. Muitos membros da Irmandade de Santo Elesbão e Santa Efigênia eram enterrados com o hábito de são Francisco, fornecido pela Ordem. A venda dessas mortalhas pelos franciscanos fazia de seu uso uma prática generalizada.[13] Por outro lado, não seria improvável, naqueles tempos, uma ligação entre as duas agremiações, uma de comerciantes enriquecidos com a escravização e outra de africanos escravizados, duas faces de um mesmo comércio.

Essa influência pode também ter sido estendida à própria continuidade da catequese dos africanos no interior das irmandades. No século XVIII, a instrução escolar estava estreitamente ligada ao ensino religioso. As primeiras escolas da cidade do Rio de Janeiro foram criadas pelas ordens religiosas (jesuítas e depois beneditinos, carmelitas e franciscanos). Com o tempo, as instituições militares passaram a oferecer ensino gratuito; e existiam também professores particulares que atuavam no âmbito familiar. A partir de 1759 — com a expulsão dos jesuítas de todo o Império português —, foram instituídas as "aulas régias" com professores de gramática latina, retórica e grego, contratados mediante concurso público. O novo sistema foi implantado na cidade do Rio de Janeiro em 1760.[14] Logo no início do Diálogo Segundo, Souza afirma: "Nunca fui piloto e nem versei aulas, e menos fui engenheiro". Essas três negativas lançam luz sobre suas supostas habilidades: sobre não ser piloto, transcreve um roteiro de navegação; sobre não frequentar as aulas régias, demonstra saber ler e escrever; sobre não ser engenheiro, sabe fazer contas. As demais ordens religiosas mantiveram sua política educativa, e Souza pode, muito possivelmente, ter-se beneficiado da instrução fornecida pelos franciscanos.

Em 1786, ano estimado para a escrita dos dois diálogos, a Sociedade Literária do Rio de Janeiro absorveu a decadente Academia Científica, solidificando sua posição como espaço de Ilustração na cidade.[15] Os primeiros estudos de Souza não chegam a surpreender, mas sua continuidade, sim. O fato de ser chamado de "ilustrado" por seu secretário é excepcional para o perfil médio dos africanos alforriados da época. Como irmão-juiz da Ordem Terceira de São Francisco, possivelmente Feliciano Teixeira teve acesso a esse grupo, e indiretamente talvez também Souza. Sabendo ler, escrever e fazer contas, Souza era uma exceção mesmo entre a população livre.[16] Quanto aos hábitos de leitura, sabe-se que, entre 1754 e 1799, a cidade tinha em torno de vinte oficiais livreiros que importavam obras de Lisboa e do Porto.[17] As leituras eram reguladas pelas autoridades eclesiásticas, e os livros, trancados a chave. Padres, advogados e cirurgiões possuíam as maiores bibliotecas e estavam entre os "ilustrados" da cidade.[18]

De algum modo, Francisco Alves de Souza teve acesso a livros. Entre os temas da Ilustração portuguesa destacava-se o debate sobre a conversão dos povos gentios. O perfil de Souza acompanha essa tendência: um ilustrado católico cuja missão era atrair seus conterrâneos para que se tornassem bons trabalhadores e bons cristãos. Além dos Diálogos, Souza escreveu pelo menos mais um texto longo, um estatuto para a confraria de Nossa Senhora dos Remédios. No final do texto consta sua assinatura, feita com desenho apurado, assinatura de um homem não apenas alfabetizado, mas ilustrado. A proibição régia de instalação de tipografias no Brasil fazia com que os escritos aqui produzidos circulassem em cópias manuscritas que, em sua grande maioria, se perderam. Não é improvável que os Diálogos de Souza tenham circulado assim, e que uma cópia tenha perdurado. O exemplar aqui consultado foi com certeza redigido pelo próprio autor. A mesma assinatura que consta no interior do documento, à folha 36, se repete no "Compromisso da Devoção de Nossa Senhora dos Remédios", encaminhado a Lisboa para confirmação junto à Mesa de Consciência e Ordens em 1788.[19]

Fica em aberto o modo como Francisco compôs seu nome. Seguindo praxe da época, dada sua idade, o nome de batismo pode ter sido dado por seu primeiro senhor, por um padrinho ou mesmo pelo religioso que o batizou. O sobrenome veio de seu senhor: Alves é a usual contração de Álvares. Resta sem explicação o sobrenome Souza, pelo qual era conhecido e que transmitiu à esposa, Rita Sebastiana de Souza, possivelmente associado a alguém ou a algum episódio importante de sua vida.

O Natal de 1783 trouxe uma reviravolta na vida de Souza. Nesse dia faleceu Ignacio Gonçalves do Monte, rei da Congregação Makii que ele diz ter conhecido desde sua chegada ao Rio de Janeiro, em 1748. Em certo momento de uma longa enfermidade, Monte fez de Souza seu regente. A morte de Monte desencadeou um conflito sucessório na Congregação que atingiu seu ápice com a eleição de Souza, em 1785. Dos 200 membros da Congregação Makii, 113 assinaram a lista dos eleitores (com nomes ou sinais); e 40 compareceram à sua posse. Souza estava longe de conseguir unanimidade entre seus governados. Enfrentou constantes desavenças, em especial com a viúva do falecido rei e seus "parciais". Esse é o contexto da escrita dos dois diálogos.

O plano de governo estabelecido por Souza tem como pressuposto o projeto cristão do Império português para conversão e salvação dos africanos escravizados. Souza encarna o projeto cristão celebrizado pelo padre Antônio Vieira, no século XVII, e reiterado pela Igreja católica nos séculos seguintes. No século XVIII, as chamadas "irmandades de homens pretos" eram o lugar físico e doutrinal do aprofundamento da conversão dos africanos iniciada com o batismo. Francisco Alves de Souza tomou para si essa tarefa e fez dela a razão de sua vida.

As irmandades católicas leigas

Como colônia de Portugal, o Brasil estava submetido às regras do padroado, um acordo entre Portugal e o papado no qual o rei de Portugal era investido da autoridade de representante do papa e, como tal, era autoridade máxima da Igreja católica em seus domínios. Como o catolicismo era a religião oficial portuguesa, todas as pessoas nascidas em Portugal e nas colônias, fossem livres ou escravas, deviam ser batizadas. No caso dos africanos escravizados, seus senhores tinham o prazo de um ano, a contar de sua aquisição por ocasião do desembarque no Brasil, para que fossem catequizados e batizados.[20]

Uma pequena parcela da população branca e livre se filiava a irmandades e ordens terceiras, que eram associações católicas leigas já existentes em Portugal. As irmandades cumpriam funções de ajuda mútua e caridade, tendo cada uma seu santo de devoção, e também sua folia, reinado ou reisado. As mais famosas folias eram as folias de Reis e do Divino. As folias eram organizações festivas que promoviam procissões e festas públicas em homenagem aos santos padroeiros. Elegiam reis, rainhas e às vezes uma corte completa, que saía às ruas com coroa, cetro, manto e roupas especialmente confeccionadas para essas ocasiões, com bandas de música que atraíam admiradores e muitas esmolas.

Inicialmente, os africanos, assim como a população escravizada de um modo geral, frequentavam em condições subalternas as igrejas e irmandades criadas por homens livres. Já no século XVII foram criadas irmandades destinadas à devoção de escravos, ex-escravos e homens livres de cor, que recebiam o título de irmandade de "homens pretos" ou de "homens pardos", dependendo de sua composição. Entre as devoções dos chamados "pretos" estavam Nossa Senhora do Rosário e os santos negros (são Benedito, santo Antônio do Categeró, santa Efigênia e santo Elesbão).

Até o século XVIII as principais devoções da população escrava e de seus descendentes no Rio de Janeiro eram Nossa Senhora do Rosário e são Benedito, ambos cultuados em um

Timbre da Irmandade de Santo Elesbão e Santa Efigênia (sem data), usado até recentemente nos impressos da irmandade

Fachada da igreja de Santa Efigênia, por R. Loguso (c. 1945). Desenho a nanquim, publicado em *Templos históricos do Rio de Janeiro*, de Augusto Maurício

Cortejo de uma folia com seu rei, por Carlos Julião (c. 1780).
Prancha de um conjunto de aquarelas sobre folias da cidade do
Rio de Janeiro

altar da igreja de São Sebastião, onde ficava instalada a Sé. Em 1706, um grupo saiu de lá para construir a capela de São Domingos, erigida no campo ao fundo da cidade, lugar que ficou conhecido como campo de São Domingos.[21] Essa capela era de propriedade da irmandade de São Domingos e abrigava africanos de várias procedências. Em 1740, um pequeno grupo dessa irmandade fundou a Irmandade de Santo Elesbão e Santa Efigênia, que reunia africanos da Costa da Mina, de São Tomé, de Cabo Verde e de Moçambique. Ainda na igreja de São Domingos os africanos Mina ali reunidos fundaram a Congregação Mina, liderada por um grupo de africanos chamados Dagomé, vindos do Daomé para o Rio de Janeiro ao longo da década de 1720. O primeiro rei da Congregação Mina foi Pedro da Costa Mimoso, batizado no Rio de Janeiro em 12 de setembro de 1727.[22]

Quando a Irmandade de Santo Elesbão e Santa Efigênia foi fundada, em 1740, o rei Mina era Pedro da Costa, que ainda era rei quando, em 1748, Francisco chegou da Bahia. Com a morte de Costa, a Congregação elegeu como seu segundo rei Clemente de Proença. A capela (depois igreja) de Santo Elesbão e Santa Efigênia começou a ser construída em 1746, perto do largo de São Domingos, e foi inaugurada em 1754. Dez anos depois de instalados na nova capela, os Mina viveram um grande conflito, levando a irmandade a dar entrada em um pedido de reforma de seu compromisso (ou estatuto) de 1740 para constituir um Império de Folia. A reforma do compromisso, encaminhada a Lisboa em 1764, foi aprovada pela Mesa de Consciência e Ordens em 1767.[23]

O estatuto da Congregação Makii, redigido quase vinte anos depois e incluído no Diálogo Primeiro, trata da formalização desse reinado de folia criado pela irmandade em 1764. De acordo com as normas do Império de Santo Elesbão, prática corrente também em outras folias, todos deviam sair às ruas "nos trajes que requer às suas pessoas e figuras", ou seja, com roupas apropriadas, coroa, cetro e manto. A particularidade das folias dos africanos era que seus cortejos eram acompanhados de instrumentos e ritmos de sua terra.[24] Embora o Diálogo Primeiro gire em torno da decisão de fazer de Souza um rei ou um regente, o pano de fundo desse debate tem a ver com a determinação de Souza de combater os chamados "gentilismos e superstições", ou seja, práticas não cristãs usadas por membros da irmandade. Uma das principais manifestações do gentilismo eram os cortejos acompanhados de toque de tambores, que Souza proibiu. Ao combater os gentilismos e superstições, Souza combatia o que, em contextos mais ortodoxos, era considerado feitiçaria. O termo *feitiçaria*, sempre associado às mulheres, não aparece no diálogo, mas paira como uma ameaça velada sobre todos.

Duas devoções são fundamentais para a Congregação Makii: a devoção às Almas e a devoção a Nossa Senhora dos

Remédios. A sufragação das Almas, em especial dos irmãos falecidos, é tema constante do Diálogo Primeiro e substitui o culto aos ancestrais Makii. A devoção a Nossa Senhora dos Remédios pode ser entendida como a versão cristã do culto aos voduns, relacionados à cura das doenças.[25]

Se a devoção às Almas do Purgatório acolhia a todos, a devoção a Nossa Senhora dos Remédios despertava com certeza especial atenção dos chamados barbeiros. No século XVIII, os barbeiros não apenas faziam barbas, mas eram práticos que desempenhavam funções curativas usando ervas e outros tratamentos, especialmente as sangrias, daí serem também chamados sangradores; alguns deles eram ainda dentistas. Os barbeiros trabalhavam como auxiliares dos cirurgiões ou por conta própria, tanto na cidade como quando embarcados. Na Irmandade de Santo Elesbão e Santa Efigênia da época, existiam pelo menos quatro barbeiros: Ignacio Monte (primeiro rei Makii), José dos Santos Martins (testamenteiro de Monte), Gonçalo Cordeiro (interlocutor do diálogo) e Luiz Francisco do Couto, os dois últimos apoiadores de Souza. Entre os devotos da Virgem estavam ainda, certamente, outros membros de menor destaque e os cativos desses barbeiros, aprendizes de seus senhores. O barbeiro Martins tinha onze escravos, três deles aprendizes de barbeiro.[26]

O *passado africano dos Makii*

Uma dificuldade na identificação dos Makii é a escassez de sua historiografia. No final do século XVI, início do século XVII, teria havido um grande movimento populacional cujo aspecto mais estudado é a formação do *Danxome* (ou Daomé). Na década de 1720, o Daomé se expandiu em direção ao litoral, tomando os principais portos da costa atlântica. A partir da década seguinte, passou a atacar regularmente as áreas interioranas, em especial os Makii, seus vizinhos na fronteira norte.[27] Essa vizinhança era tensa, alternando conflitos armados e alianças políticas, que envolviam ainda populações de língua iorubá vindas do leste, que passaram também a conviver com os Makii, formando com eles um vasto território multiétnico e multilinguístico que se configurou como "terra" dos Makii.

Os Makii eram traficados, mas eram também traficantes de prisioneiros de suas próprias guerras. As guerras abrangiam um vasto território que ia do litoral até as montanhas de Atacora e Borgu, onde populações autóctones se misturavam a sucessivas levas de migrantes fugidos de outras guerras, muitas delas fomentadas pelos próprios traficantes, que se beneficiavam dos conflitos para comprar prisioneiros e vendê-los como escravos. Ao norte do território Makii, quase todos eram muçulmanos e vendiam escravos tanto para o Atlântico como para o interior da África. Das margens do rio Níger até o litoral atlântico, todos os lugares eram incertos e perigosos para viver. Todos guerreavam entre si, todos se escravizavam e todos se vendiam mutuamente aos comerciantes muçulmanos que abasteciam preferencialmente o mercado interno africano, ou aos comerciantes do Daomé e de Oió, que abasteciam o mercado atlântico.

Os agentes comerciais do Atlântico sabiam que um significativo contingente de prisioneiros escravizados vendidos pelos comerciantes do Daomé aos europeus vinha do território Makii e de seus arredores, mas a localização desse território era incerta. Temendo perder o papel de intermediários, os daomeanos impediam a circulação dos comerciantes europeus e de seus representantes, mantendo-os restritos ao litoral. Um mapa da Costa da Mina publicado em 1793 por Archibald Dalzel, um comerciante inglês, mostra em detalhes os portos do litoral, mas o território Makii (escreve *Mahee*) é um grande vazio. Além da falta de informação, a própria localização dos Makii por Dalzel é equivocada.[28]

Ainda hoje os Makii constituem um importante segmento da população do atual Benim. Do ponto de vista administrativo, o Benim hoje está dividido em doze departamentos. O "Pays Mahi" (antiga denominação colonial), hoje no Département des Collines, é composto de dois grandes grupos: os "Mahi des Collines" (Makii das Colinas) e os "Mahi sans Collines" (Makii sem Colinas), sendo que os "das Colinas" são considerados os "verdadeiros" Makii ("les vrais Mahi"). Monte foi descrito por Souza como um "verdadeiro Makino".[29] Nas colinas ficam os dois montes gêmeos, Anaklé e Anadjagoun, que identificam o território Makii.

Os africanos da Costa da Mina reunidos na igreja de Santa Efigênia exemplificam não só a variedade étnica dessa costa, mas também uma conhecida rota atlântica de transporte de escravos, que saía dos portos da Costa da Mina para o Brasil. Quase todos eram enviados para a Bahia; uma parte deles seguia a pé pelo Caminho do Sertão até Minas Gerais; outros eram reembarcados para o Rio de Janeiro e, ainda por mar, até Paraty, de onde subiam a pé a serra da Mantiqueira até Minas Gerais. O destino de quase todos eram as lavras de ouro. Os Mina encontrados no Rio de Janeiro podem ter sido embarcados por uma rota minoritária que vinha da Costa da Mina diretamente para a cidade, ou passaram pela Bahia e por Minas Gerais. No Rio de Janeiro, a Congregação Mina reunia africanos de várias localidades da Costa da Mina: Mina-Makii, Mina-Sabaru, Mina-Chamba, Mina-Coura, Mina-Nagô, Mina--Cobu; e ainda os Zano (de Za) e Agolin (de Agonli), vindos de duas localidades no entorno do Daomé.[30] Traziam como bagagem lembranças das guerras e da escravização, mas também da estreita convivência que tinham em sua terra e que se prolongou no cativeiro. De um modo ou de outro, o que os aproximava era mais forte do que o que os afastava.

A *realeza Makii no Rio de Janeiro*

O título do manuscrito se refere ao "Reino de Makii". Não há, em relação aos Makii na África, registro de que tenham tido algum tipo de organização política correspondente a um reino, ou Estado, como ocorreu com o Daomé, conhecido como Reino do Daomé. Os Makii partilhavam um território árido e montanhoso com pequenas aglomerações populacionais autóctones e migrantes, que se aliavam e guerreavam entre si, dependendo das circunstâncias. Nessa convivência falavam línguas gbe (entre elas o fon, o ewé e o maxi) e iorubá. Se não existiam reis na terra dos Makii, essa titulação decorre nitidamente de uma releitura das relações de poder no Império português. A realeza da Congregação Makii está estreitamente associada às então famosas cortes das folias católicas que tomavam como referência a realeza portuguesa.

O Diálogo Primeiro pouco explica sobre quem eram Ignacio Monte, o primeiro e único rei Makii na cidade do Rio de Janeiro, e Victoria Correa, sua esposa e rainha, no diálogo identificada apenas como "viúva". O diálogo menciona a morte de Monte em 25 de dezembro de 1783, e descreve as condições em que Souza foi eleito seu sucessor. Não encontrei informação sobre o trajeto seguido por Ignacio até chegar ao Rio de Janeiro. Já como escravo de Domingos Gonçalves foi batizado em 1742 com o nome de Ignacio Mina, na freguesia da Candelária.[31] Foi alforriado em 1757, e seu senhor recebeu por ele 350$000 (350 mil-réis). Já então era barbeiro, usando o nome de Ignacio Gonçalves do Monte. Victoria, escrava de Domingos Correa Campos, foi batizada em 1742 com o nome de Victoria Coura, na matriz de Nossa Senhora da Conceição de Vila Rica do Ouro Preto, Minas Gerais.[32] Chegou ao Rio de Janeiro em data incerta. Em 1755 comprou sua alforria com recursos próprios, por 180$000, pagos a seu então senhor Domingues Rabello de Almeida.

Tanto Monte como Victoria foram batizados em 1742, o que faz crer que devem ter desembarcado no Brasil por volta de 1740. Podem ter sido escravizados na mesma ocasião, ou mesmo embarcados juntos. O certo é que se encontraram na cidade do Rio de Janeiro na década de 1750. Conviveram na igreja de Santa Efigênia e se casaram no dia 27 de fevereiro de 1759, na igreja da Candelária, às oito horas da noite.[33] Monte era Mina-Makii e Victoria, Mina-Coura.[34] A referência às suas "terras" (a terra dos Makii e a terra dos Coura) nos documentos relativos ao casamento mostra que essas eram identidades fortemente operativas no interior da população africana escravizada da cidade do Rio de Janeiro. Já casados, em 1762 foram eleitos rei e rainha da recém-fundada Congregação Makii. Na ocasião, Monte era oficial do Regimento dos Pretos da cidade do Rio de Janeiro e vivia de sua renda como barbeiro. Ele foi responsável pela organização da Folia Makii, para a qual redigiu o primeiro "termo" (estatuto simplificado) e na qual reinou por mais de vinte anos, até falecer, em 1783.[35]

Seguindo o costume da época, Monte e sua rainha Victoria saíam em cortejo pelas ruas da cidade, ao som de tambores e cantigas de sua terra, angariando recursos para as festas dos santos padroeiros da irmandade. Vestiam-se como os monarcas cristãos, usando coroa, cetro e manto. Todas as despesas da folia corriam por conta do rei e das esmolas que ele, a rainha e seus súditos arrecadavam. Por isso, para ser eleito rei, o pretendente tinha de comprovar que podia arcar com essas despesas. Talvez por isso Monte tenha redigido um testamento em 1763, no qual se apresentava como "homem de negócios".[36]

Monte emprestava dinheiro a uns, e guardava poupança de outros, deixando entrever uma intrincada movimentação financeira, tudo anotado em um livrinho que no testamento informa estar ao alcance da esposa.[37] Seus testamenteiros foram a viúva, Francisco do Couto Suzano e José dos Santos Martins, dois membros da irmandade, nenhum deles identificado como Makii. O testamento deve ser lido com cautela. Diferente do que consta em sua carta de alforria de 1757, no testamento Monte diz ter pagado ele mesmo os 350$000 de sua alforria. Não faz menção nem a Antônio Gonçalves (registrado como seu padrinho de batismo) nem a Antônio Gonçalves da Costa (indicado como pagador de sua alforria na carta de alforria). Claramente Monte omite essa informação. Fica ainda a possibilidade de que Antônio Gonçalves e Antônio Gonçalves da Costa sejam a mesma pessoa, que o teria acompanhado desde o batismo até sua alforria, e pagado por ela.

O ato de testar está usualmente associado à morte iminente ou a alguma situação particular. O testamento de 1763 talvez estivesse associado à formalização de seu reinado para a reforma do compromisso da irmandade de 1764. Difícil imaginar que 23 anos depois, ciente de sua moléstia, tendo indicado Souza como seu regente, não tenha refeito o testamento ou a ele acrescentado um codicilo.[38] De acordo com Souza, a viúva teria herdado significativos valores, incluindo uma loja, certamente a loja onde Monte desempenhava sua profissão de barbeiro.[39] Se um novo testamento não foi apresentado, ou deliberadamente não foi feito, ou mesmo se alguém impediu que fosse apresentado, não foi possível saber. Um detalhe do óbito levanta suspeitas. O óbito foi registrado em 27 de dezembro de 1783, dois dias depois da data da morte indicada no Primeiro Diálogo, 25 de dezembro. No esforço de gerir as disputas envolvendo o destino da Congregação, o óbito pode ter sido mantido em segredo por dois dias, tempo suficiente para fazer cumprir ou descumprir as vontades do morto.[40]

Possivelmente com o intuito de celebrar sua realeza, em 1763 Monte fez do ato de testar uma ocasião para rememoração: "Declaro que a dita minha mulher é minha parenta por sanguinidade em terceiro grau, por ser ela filha do meu avô

[Eseú] Agoa; bem conhecido rei que foi entre os gentios daquela costa do Reino de Maý, ou Maqui [...]".[41] Escrevia em português palavras da língua maxi. A transcrição do testamento para o Livro de Óbitos possivelmente complicou ainda mais a escrita do nome do avô. A primeira parte da palavra permanece incompreensível, mas *Agoa* nos remete imediatamente a *Agoua-Guédé*, fundador (histórico ou mítico) que reuniu o povo Makii e, misturando-se a outros migrantes de língua iorubá e a grupos locais, tomou posse do território que veio a ser a Terra dos Makii, ainda hoje assim chamada.[42]

Victoria acompanhou o marido até a morte. Ainda não consegui saber de seu destino depois de viúva. Tampouco encontrei registro de seu óbito, testamento ou qualquer outra informação sobre ela. A realeza de Monte é estendida a ela. Victoria era filha de [Eseú] Agoa, portanto, tia de Monte, indicando não só um casamento no interior da família, mas um intercasamento, envolvendo grupos que, se não vizinhos, eram pelo menos próximos. Victoria era Coura, um grupo que constitui hoje um dos maiores mistérios do estudo dos povos africanos no Brasil. Ao contrário dos Makii, não há nenhuma referência a um povo Coura na historiografia africana. No assento de batismo de Victoria, o pároco Leão Sá teve o cuidado de registrar que tinha o "rosto coartado à moda de sua terra, era baixa e bem-feita de corpo", com aproximadamente 25 anos.[43] Ficou viúva aos 67 anos. Ainda hoje Victoria permanece como alerta para nós, historiadores que tentamos desvendar o passado africano.

Não sabemos quem eram os Coura (ou couranos), por que nome eram conhecidos na Costa da Mina, onde viviam, que língua falavam, ou o que aconteceu com eles. A Irmandade de Santo Elesbão e Santa Efigênia tinha entre seus membros vários africanos Coura além de Victoria. Se há menção a uma terra e a escarificações como marca de identidade, de algum lugar da Costa da Mina eles vinham, e aqui deixaram o registro de seu exílio. A seguir o caminho das hipóteses, é razoável associar os Coura aos povos que viviam no entorno ou ao norte do Daomé. Na década de 1720, quando os Coura já são encontrados no Brasil, o viajante Chevalier des Marchais descreve os "aqueras". Segundo ele, "os desta nação se sujeitam muito bem a todas as tarefas em que são empregados, são fortemente afeiçoados e têm cortes no dorso e no peito como lagartos e serpentes". Robin Law reitera a referência de Des Marchais, situando-os ao norte do Daomé, de onde eram trazidos por comerciantes iorubás (então chamados lucumis) para serem vendidos aos comerciantes de Ajudá e de lá enviados ao Brasil. Poderiam ser lagartos e serpentes as marcas de Victoria registradas pelo padre que a batizou.[44]

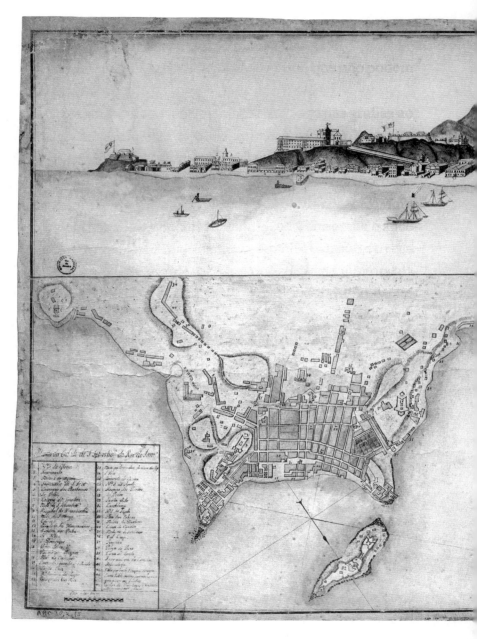

Panorama e planta da cidade do Rio de Janeiro, por Luís dos Santos Vilhena (1775). A legenda assinala a igreja de São Domingos (n.º 15)

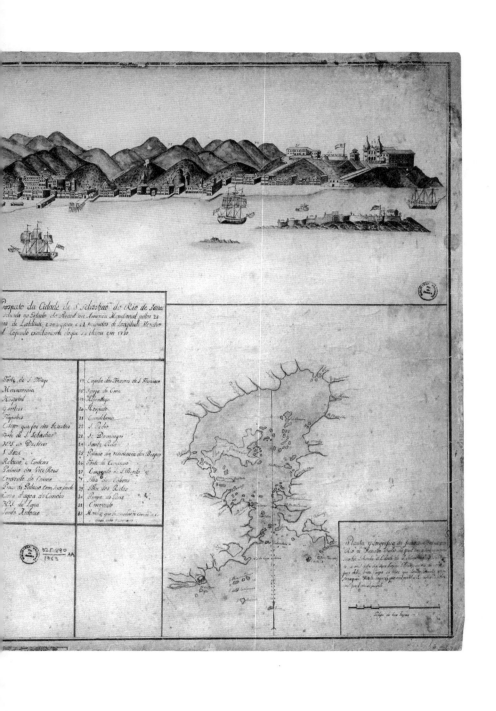

Ser Mina-Makii no Rio de Janeiro

Uma dimensão importante dos Mina em várias partes do Brasil foi a convivência de pessoas de etnias diferentes mas próximas geograficamente: Mina-Makii, Mina-Coura, Mina-Cobu, Mina-Nagô, entre outras. Essas designações fazem referência à "terra" onde essas pessoas nasceram e que, nos registros de batismo, nos testamentos e nas cartas de alforria, corresponde à informação sobre sua "naturalidade".[45] Tinham ainda línguas diversas, mas linguisticamente próximas, o que facilitou o surgimento não apenas de uma identidade social Mina, mas de uma língua franca chamada "língua geral da Mina", uma mistura de fon, maxi e iorubá.[46] Na cidade do Rio de Janeiro, os Mina falavam suas respectivas línguas entre seus iguais (a quem em português chamavam "parentes"), a língua geral para interlocução no interior do grupo, e o português com o restante da população.

Estima-se que, na grande maioria, os africanos da cidade do Rio de Janeiro eram batizados. Um senhor que não batizasse seu escravo podia ser denunciado e perdê-lo para o denunciante. Como o africano recém-chegado não tinha como fornecer nome de família, recebia um nome cristão e lhe era atribuída como sobrenome sua procedência, ou naturalidade: Ignacio Mina, Francisco do Gentio de Guiné. Em alguns casos, o padre ou escrivão responsável pelo registro fornecia informações mais precisas, indicando a "terra" de procedência do africano, ou outra informação adicional.

A particularidade dos africanos vindos da Costa da Mina em relação ao conjunto dos africanos escravizados tem sido destacada por vários historiadores. No Rio de Janeiro, já nas primeiras décadas do século XVIII, os Mina começaram a organizar uma forte rede de sociabilidade que absorvia os recém-chegados, proporcionando-lhes uma convivência que, no médio prazo, favorecia que se dedicassem a ocupações rentáveis como barbeiros, carregadores, vendedores de rua, quitandeiras, entre outras. Os mais bem-sucedidos conseguiam juntar recursos para comprar suas alforrias e em seguida constituir um pequeno patrimônio.

Os testamentos deixados por muitos desses africanos Mina mostram não apenas seus bens, mas as redes financeiras e o fluxo de redistribuição de recursos no interior do grupo. Inequivocamente esses recursos se concentravam nas mãos de alguns, que, dessa forma, atendiam aos necessitados custeando alforrias, viabilizando pequenos negócios, auxiliando os doentes, enterrando os mortos e garantindo seu poder sobre o próprio grupo. Entre as mulheres se destacavam as quitandeiras, e entre os homens os barbeiros e oficiais do Regimento dos Pretos, todos com visível liderança.

Na segunda metade do século XVIII, os Makii eram um dos segmentos majoritários dos africanos Mina na cidade do Rio de Janeiro. Ignacio Monte e Gonçalo Cordeiro eram barbeiros e oficiais do Regimento dos Pretos; João Luiz de Figueiredo, vice-regente da Congregação Makii, era também oficial desse regimento.[47] Algumas quitandeiras Mina chegavam a ter várias escravas. Ignacio Monte tinha uma loja de barbeiros. José dos Santos Martins, o africano Mina mais rico que encontrei, tinha onze escravos. Importante alertar que esses eram casos excepcionais. A maioria permaneceu escravizada, analfabeta e no anonimato, como a maior parte da população escrava.

Um fator determinante nessa organização era a hierarquia das irmandades, com seus juízes, mesas diretoras e reinados de folia. Nas sociedades do Antigo Regime não era a habilidade pessoal que situava os homens na hierarquia social, e sim a ascendência familiar ou as benesses recebidas de seus superiores (como títulos e cargos distribuídos pela Coroa). Também entre os africanos se estabeleciam relações hierarquizadas. Como diz o Diálogo Primeiro: "Distinguir o maior do menor, do fidalgo a mecânico, e haver respeito entre uns e outros".[48] Quando Souza decidiu não aceitar ser rei, esse princípio hierárquico foi ameaçado e contribuiu para a eclosão do conflito no interior da Congregação Makii. Se seus partidários quiseram forçá-lo a aceitar o cargo, esse pode ter sido um dos motivos que levaram outros a recusá-lo até mesmo como regente, preferindo apoiar a viúva. Ao contrário de Monte, neto de um "rei" Makii, Souza não tinha ancestralidade "nobre". Já Victoria era filha de [Eseú] Agoa. Souza temia a viúva porque sabia que, mesmo sendo um homem ilustrado, lhe faltava a devida ancestralidade.[49]

Souza recusa o título e a coroa de rei, argumentando que não tem as qualidades requeridas pelo cargo. Quer continuar "regente", cargo que já ocupava durante o reinado de Monte. Cordeiro quer vê-lo rei para garantir que a viúva não mais possa usar o título de rainha, nem se tornar a imperatriz da Costa da Mina. Souza condiciona sua eleição à aceitação, por parte dos congregados (chamados "pretinhos" no diálogo), da implementação de seu plano de mudanças no funcionamento da Congregação. Há uma nítida, embora pouco explicada, diferença na forma como Monte e Souza exerciam sua autoridade. No dia a dia da Congregação, os congregados dependiam de Souza e outras lideranças para intermediar demandas, redigir testamentos, fazer apelações judiciais, acertar contratos para compra de alforrias e cobrar dívidas. Por outro lado, não sendo rei por ancestralidade, como fora Monte, Souza precisava construir alguma esfera de legitimidade e ter o apoio dos membros da Congregação. Embora no diálogo Cordeiro enalteça as qualidades de Souza e se coloque em segundo plano, é possível que, para fazer frente às pretensões de Victoria e à ordem hierárquica estabelecida pela irmandade, tenha sido ele o articulador da eleição de Souza.

A micropolítica da Congregação Makii tem como pano de fundo um debate mais amplo que envolve a conversão não apenas dos africanos, mas também dos indígenas nativos das Américas. Diz respeito, portanto, não apenas a processos pessoais de mudança do ponto de vista religioso, mas a contextos coletivos, envolvendo diferentes concepções civilizatórias. Os partidários de Souza diziam aceitar as novas regras, mas não queriam abrir mão de algumas práticas e privilégios já conquistados. Como em toda negociação política, chega-se a uma solução de compromisso. De um lado, Souza continuou regente; de outro, concedeu a seus aliados os desejados "regalitos" (títulos de nobreza). No dizer de Souza, seus parciais queriam nomes e cargos como "cá na terra dos brancos"; segundo eles, preocupados com a ancestralidade, os cargos almejados eram dados "à imitação dos fidalgos do nosso Reino de Makii". Cada um fazia sua leitura e se adequava ao acordo possível. Por imitação do Reino de Portugal ou de Makii, o objetivo dos cargos era o mesmo: "distinguir o maior do menor, do fidalgo a mecânico", de modo a "haver respeito entre uns e outros". A lista dos títulos arrolada no diálogo reforça a solução de compromisso: *aggau* (o mesmo que general), *Jacolûduttoqquêm* (o mesmo que duque).[50] O novo pacto político criava uma corte sem rei, um corpo sem cabeça. Era parte do exercício do poder ilustrado almejado por Souza saber fazer concessões em prol da "boa harmonia". Ao fim, o que se quer, do ponto de vista de Souza, é "sossego, e quietação", tudo o que lhe tinha sido tirado desde a morte de Monte e que, de algum modo se intui, ele não conseguiu restituir a si mesmo, pelo menos ao longo dos cinco anos em que a documentação permite acompanhar a vida da Congregação, entre 1783 e 1788.[51]

O Diálogo Segundo: um exercício de rememoração

No Diálogo Segundo, Souza deixa de lado os conflitos da Congregação para atender ao pedido de Cordeiro e lhe fazer uma história da Costa da Mina. O diálogo compõe-se de três segmentos elaborados a partir de informações de terceiros.

Não reconheci a fonte das informações referentes aos dois primeiros capítulos do Diálogo Segundo. A partir da folha 50, a leitura de obras usualmente consultadas no século XVIII me permitiu verificar que Souza teve acesso aos *Dialogos de varia historia em que sumariamente se referem muytas...*, de Pedro Mariz (1597), que descreve as conquistas portuguesas através de um diálogo entre um italiano e um português.[52] Pelo menos um exemplar dessa obra devia existir em alguma das bibliotecas da cidade do Rio de Janeiro. Souza reproduz longos trechos desse diálogo: as explorações do infante dom Henrique antes da conquista da Mina; e, depois da morte deste, a conquista da Mina. As longas citações mostram que Souza leu e copiou boa parte da obra. Assim como Mariz, divide seu texto em "capítulos". Possivelmente se inspirou nela para escrever seu diálogo.

O segundo segmento (capítulo 3) é uma descrição da Costa da Mina com informações sobre aspectos físicos e da ocupação populacional, incluídas as latitudes e longitudes do percurso. É escrito nos moldes de uma derrota (roteiro de viagem), com informações fornecidas a Souza por um piloto amigo, provavelmente no Rio de Janeiro. Como Souza diz ter feito "diligências" para satisfazer ao pedido de Cordeiro, talvez tenha recolhido a informação por ocasião da escrita do diálogo, mas deixa claro que ela se baseia em uma viagem realizada "há muitos anos". A leitura da derrota permite estimar que a viagem tenha sido anterior a 1732, ano em que o porto de Jaquem, mencionado como importante para embarque de escravos, foi destruído pelos daomeanos.[53] É possível ainda que seja anterior, já que Ajudá ainda é identificado como porto de Ardra. Sobre os pilotos, vale lembrar que o senhor de Souza era comerciante, o que lhe facultava acesso cotidiano não só a pilotos, como a outros profissionais embarcados na rota entre Brasil e a costa africana. Consta ainda desse segmento uma descrição do antigo Reino do Benim (situado na atual Nigéria). Não encontrei publicações às quais Souza possa ter tido acesso, nem os nomes e fatos por ele narrados. Talvez também essas informações lhe tenham sido passadas oralmente. Souza descreve a

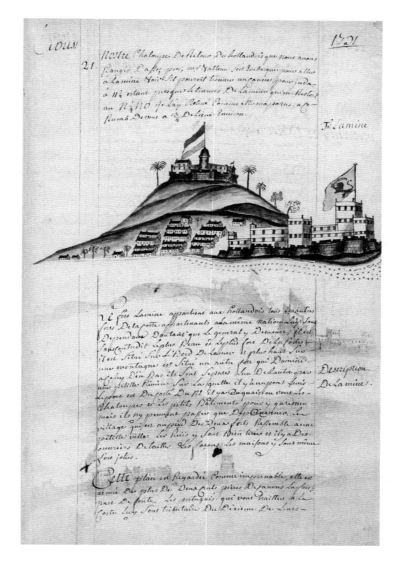

Castelo de São Jorge da Mina, por Robert Durand (1731).
Desenho incluído em seu diário de viagem pela Costa da Mina
a bordo da embarcação *Diligent* (1731-32)

cidade do Benim como grande, sem muros, cercada por uma "cava" (fosso). Essa descrição conflita com a descrição celebrizada pelo geógrafo Olfert Dapper, que descreve a cidade com muralhas e portas. Por outro lado, não há em Dapper referência ao exército de 100 mil homens ou a um "Bá Benim" (governante supremo), mencionados por Souza.[54] A menção de Souza ao "Bá Benim" é em alguma medida surpreendente, já que o termo não aparece em outros documentos até bem mais tarde.[55]

O terceiro segmento é uma cronologia das conquistas holandesas contra os espanhóis e portugueses, entre as quais se destaca a tomada do Castelo da Mina aos portugueses, em 1637. Essa cronologia é bastante sucinta, dificultando a identificação da fonte consultada. Várias obras mencionam as datas e pessoas listadas, mas não encontrei em nenhuma delas a configuração da sequência estabelecida por Souza.

O Diálogo Segundo começa com a exploração da costa ocidental africana por dom Henrique em meados do século xv e se encerra com a tomada do Castelo da Mina pelos holandeses em 1637. O principal a levar em conta é que, ao contrário do Diálogo Primeiro, no segundo nada é lembrado. Toda a narrativa é, de algum modo, obra de terceiros que Souza reproduz com grau de interferência difícil de ser estimado. A história da Costa da Mina é a história portuguesa da conquista da África, escrita do ponto de vista do conquistador e não dos africanos, seja daqueles que ficaram na África, seja dos que saíram forçadamente

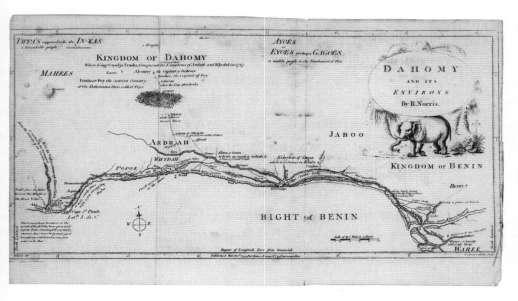

Mapa com o território Makii (Mahee), por Robert Norris (c. 1785).
Reproduzido por Archibald Dalzel em seu livro *History of Dahomy* (1793)

do continente. Souza deixou sua terra provavelmente com menos de dez anos. Para reconstruir seu passado, foi buscar informações na cultura erudita da cidade onde viveu a maior parte de sua vida. A memória, ao contrário da história, é um ato de consolidar lembranças vividas pelo preenchimento dos lapsos com novos conteúdos, de modo a dar coerência a uma narrativa que celebre um passado a partir do qual se dá sentido ao presente. O Castelo da Mina, os reinos africanos e a Congregação Makii compõem uma narrativa de escape à escravização, à assustadora viagem transatlântica e aos anos de escravidão que viveram e que queriam esquecer.

O diálogo como forma narrativa

Um último tema que não pode deixar de ser apontado é o fato de Souza ter escrito sua narrativa sob a forma de diálogo, um recurso conhecido desde a Antiguidade clássica, no qual se dá uma conversação entre duas pessoas. Na Renascença, o diálogo foi considerado uma forma literária adequada à apresentação de controvérsias sobre ideias religiosas, políticas e econômicas. Uma inovação dos diálogos pós-renascentistas são os temas tratados. No Brasil, entre os diálogos mais conhecidos está o *Diálogo da conversão do gentio*, de autoria do padre Manuel da Nóbrega (1517-70). Tanto Nóbrega como Souza apresentam uma destacada preocupação com os preceitos cristãos. No

Diálogo Primeiro, um dos interlocutores afirma: "A maior paixão que tenho, é de não ver os nossos nacionais todos católicos fazendo serviços a Deus que é o fim para o que fomos nascidos".[56] Existe, subjacente a ambos, um debate filosófico sobre a possibilidade da conversão do gentio, seja ele brasílico ou africano.[57]

O diálogo apresenta regras de composição bem estabelecidas. O autor nomeia dois interlocutores e os faz debater exaustivamente com vista à compreensão de um dado tema. A compreensão deve ser garantida não apenas entre interlocutores, mas ao público que lê ou ouve o diálogo.[58] Em *A República*, Platão mostra sua preocupação com a compreensão. Adimanto adverte: "Não compreendo o que queres dizer". Sócrates reage: "É indispensável, todavia". "Talvez compreendas melhor da seguinte forma." E Adimanto completa: "Disso, também te peço uma explicação mais clara".[59] Enquanto Platão escolhe como interlocutores o discípulo Sócrates e seu irmão Adimanto, Souza se apresenta ele próprio e a seu secretário, o alferes Gonçalo Cordeiro, como interlocutores. Entre eles nota-se a mesma preocupação. Cordeiro pergunta se o Castelo da Mina ainda pertence aos portugueses; Souza responde: "Pois para isso é preciso estar, a gaguejar, há mais de uma hora. Não sei que paixões tem vossa mercê com esse castelo que sempre me está a perseguir com perguntas. Sim, senhor, o satisfarei".[60]

Outro importante aspecto formal do diálogo é a inexistência de uma figura de autoridade que solucione os conflitos do debate. O diálogo é sempre um processo de convencimento entre os interlocutores, até que se chegue a um consenso.[61] No início do Diálogo Primeiro, Cordeiro diz: "Perguntar-lhe, era para no fim o convencer".[62] Esse esforço de convencimento é recorrente. Numa das primeiras falas do Diálogo Primeiro, Souza argumenta ser difícil para ele "o executar, em idioma português", o que melhor faria em seu idioma natal (o maxi). Cordeiro insiste, argumentando que não podem continuar sendo regidos por regras informais e que precisam de um estatuto (regra escrita) para sua Congregação: "Os regentes naquele tempo [...] não cuidavam em estatutos, e se algum havia era bocalmente falado, e misturado com o nosso idioma, que me parece ser cousa feita no ar, e de pouca ponderação, que não tem vigor".[63] Cordeiro tenta convencer Souza de duas coisas: aceitar ser o rei da Congregação, substituindo o antigo rei falecido; e escrever um estatuto para que a Congregação fosse regida por regras formais e não pelo arbítrio de seus membros. Importante lembrar que a Congregação estava instalada na igreja de Santa Efigênia, cuja irmandade escreveu seu primeiro compromisso em 1740, e o reformou em 1764, aí incluindo a criação do Império de Santo Elesbão, onde o rei Makii compunha a corte do imperador do Daomé.[64]

Embora cite o pouco domínio que tem sobre a língua portuguesa, o temor de Souza em aceitar a indicação tinha a ver, entre outros motivos, com o embate político-religioso então em andamento, e o diálogo encena esse conflito. No momento da escrita do Diálogo Primeiro, Souza já era o sucessor eleito do rei falecido e sabia que a resistência a seu nome estava associada à sua perseguição aos "abusos e gentilismos, ou superstição", no interior da Congregação. O diálogo é a expressão de suas convicções. O título do Diálogo Primeiro diz: "Regra ou estatutos [...] que usam os pretos Minas [...] por onde se hão de regerem, e governarem, fora de todo o abuso gentílico, e supersticioso".[65] Souza associava o título de rei aos antigos "gentilismos" até então praticados, preferindo para si o título de regente, segundo ele mais adequado a um governo ilustrado, que, nos moldes portugueses, se sustentava em regras formais de poder e na graça divina.[66] O diálogo mostra o processo de convencimento pelo qual Cordeiro leva Souza a aceitar governar seus nacionais e demonstrar sua capacidade para o exercício do cargo. Os motivos que levaram Cordeiro a apoiar a candidatura de Souza vêm à tona no Diálogo Segundo, quando ele explica encontrar em Souza as qualidades necessárias para acalmar os ânimos dos congregados e levá-los de volta ao bom governo: "O que se quer nos homens, é habilidade, e bom juízo, e sendo senhor destas duas condições [...]".[67] O bom juízo de Souza deveria levá-lo a negociar a implantação das novas regras.

A relação hierárquica existente entre Souza (regente) e Cordeiro (secretário) é anulada no diálogo. Já nas primeiras falas os interlocutores se tratam como "amigos", clara referência aos diálogos platônicos, nos quais é recorrente o mesmo chamamento: "Pois de momento, meu amigo, nos é impossível resolver essa questão".[68] No *Diálogo da conversão do gentio*, os interlocutores são apresentados por Nóbrega como "irmãos" (de sangue ou de filiação religiosa). No Diálogo Primeiro, Souza chama Cordeiro de "meu muito fiel e prezado amigo", e Cordeiro retribui dizendo: "Há tantos anos que somos amigos".[69] Nos dois casos há ainda uma nítida valorização dos interlocutores do ponto de vista moral. Assim como nos diálogos de Platão, os interlocutores são dignos de "apreço e imitação" e livres de qualquer indignidade.[70] Quando uma figura indigna aparece, é introduzida através da fala dos interlocutores, que discorrem sobre seus maus atos, substituindo o diálogo pela narrativa simples.

No diálogo, Victoria é tratada apenas como "a viúva", sem nome e sem voz. É acusada de "revoltosa" e, indiretamente, de praticar "abusos e gentilismos, ou superstição". Ao negar nome e voz à viúva, o diálogo joga sobre ela a pecha da indignidade e da vergonha, chegando a denunciar "um criolo baiano que se acha em sua casa depois da morte de seu marido". Há também aí um nítido viés de gênero. Ao longo de todo o Diálogo Primeiro, não apenas a viúva mas a própria

Virgem Maria é considerada incapaz de exercer o governo dos homens.[71] Poucas vezes o diálogo incorpora um terceiro interlocutor, sempre homens com nome e posição destacada (o procurador da Congregação e o meirinho do Tribunal da Relação). Um segundo caso é a voz coletiva, que nos diálogos de Platão aparece como "coro" e que no Diálogo Makii se transforma em "todos": "Todos: [...] Estamos aqui mais de quarenta pessoas para lhe darmos a posse". Ou ainda: "Todos em geral: Viva o nosso regente [...]".[72]

Os exemplos do uso das regras do diálogo aqui apresentados mostram o conhecimento que Souza possuía de tais regras. Mas o mais importante na sua leitura é que, pela desconstrução do texto a partir de suas regras de construção, é possível identificar um determinado contexto histórico, assim como acontecimentos e agentes a ele associados. A possibilidade de contextualização do manuscrito permite não só uma melhor compreensão do diálogo, mas a identificação de seu autor, de sua datação e do público a quem é destinado, condições básicas para fazer de um texto um documento histórico.

Outros documentos para contextualização dos Diálogos

Os Diálogos Makii narram um conjunto de episódios aos quais se tem acesso, inicialmente, apenas a partir do próprio texto. Nesse sentido, tais episódios não podem ser de imediato tomados como acontecimentos históricos. Para chegar aos acontecimentos, o historiador precisa subverter as regras narrativas, deixar de lado a busca do consenso e dali extrair a conturbada luta política desencadeada no interior da Congregação. O "todos" do diálogo corresponde a uma facção de congregados que lutam ferozmente contra os "parciais" da viúva pelo controle da Congregação.

Do ponto de vista da pesquisa histórica, é impossível ler o Manuscrito Makii sem levar em conta outros documentos de época que auxiliam sua contextualização. O cotejamento do Manuscrito Makii com outras fontes históricas de época foi um trabalho de pesquisa minucioso, que permitiu identificar o autor do diálogo e também seus interlocutores, os personagens citados e possíveis leitores, assim como apontar a finalidade de sua elaboração e os desdobramentos por ele desencadeados na vida das pessoas envolvidas.[73] As fontes eclesiásticas são fundamentais para a identificação dos africanos Mina no século XVIII. Em especial, as habilitações matrimoniais e os testamentos permitem entender que eles viviam em um denso emaranhado de redes sociais. Redes financeiras (dinheiro, crédito e serviços), redes de trabalho (carregadores do porto, vendedores ambulantes, especialmente as quitandeiras, barbeiros), redes de devoção (irmandades e pequenas confrarias) e possivelmente outras, ainda não identificadas, além de laços fora da cidade, em especial com Minas Gerais e Bahia.

No Arquivo da Cúria Metropolitana do Rio de Janeiro, a partir da leitura de registros de batismo, casamento, óbito e testamentos, busquei os nomes mencionados no manuscrito e cheguei a uma grande rede interpessoal. Dentre todos os documentos localizados, o mais importante foi o testamento de Monte.

No Arquivo da Irmandade de Santo Elesbão e Santa Efigênia, instalado no segundo andar da igreja, localizei um livro no qual estava copiada a documentação histórica da irmandade entre 1740 e 1767. São ao todo dezesseis documentos, que incluem o compromisso de 1740, a alteração de 1767 e toda a sua tramitação desde o bispado do Rio de Janeiro até a Mesa de Consciência e Ordens, em Lisboa.[74] Esse foi o ponto de partida para entender o contexto de elaboração do manuscrito.

No Arquivo Histórico Ultramarino (AHU), localizei uma proposta de "Compromisso da Devoção de Nossa Senhora dos Remédios", datada de 1788. A localização desse compromisso em Lisboa foi fundamental para o desdobramento do trabalho. Trata-se não de um texto de data e autoria presumíveis, como o Manuscrito, mas de um documento oficial que, com o aval do bispado do Rio de Janeiro, tramitou nas instâncias da burocracia portuguesa até chegar à Mesa de Consciência e Ordens, em Lisboa.[75] O compromisso, redigido e assinado por Francisco Alves de Souza, mostra os desdobramentos dos acontecimentos apresentados no Diálogo Primeiro. Considerando a data do compromisso (4 de junho de 1788), é possível estimar que o diálogo tenha sido escrito entre 31 de janeiro de 1786 (data da assinatura do estatuto da devoção às Almas, incluído no diálogo) e 4 de junho de 1788, data do compromisso de Nossa Senhora dos Remédios. Por fim, trata-se de manuscrito original, que traz a assinatura dos membros da irmandade, inclusive a de Francisco Alves de Souza.[76]

As informações obtidas no compromisso da Irmandade de Santo Elesbão e Santa Efigênia, no compromisso de Nossa Senhora dos Remédios e nos registros eclesiásticos relativos aos batismos, casamentos e óbitos permitem entender várias passagens do Manuscrito. O rei Makii falecido efetivamente existiu e morreu na ocasião informada; a viúva anônima ganhou nome; os devotos de Nossa Senhora dos Remédios eram muitos deles barbeiros e importantes lideranças no interior da irmandade; outros membros da Congregação tiveram sua existência comprovada; por fim, tanto as habilitações matrimoniais como, principalmente, os testamentos mostraram os estreitos laços que ligavam os africanos Mina que viveram na cidade do Rio de Janeiro no século XVIII.

A pesquisa caminha lentamente. Por ocasião da preparação desta edição, voltei não só aos documentos já coletados mas também aos arquivos, em busca do que ainda me escapava e que podia ser mais uma vez rastreado, com o benefício da melhoria dos instrumentos de pesquisa e dos recursos digitais de reprodução, que não existiam há vinte anos. Revi a documentação do Tribunal da Relação e outros fundos do Arquivo Nacional. Reli os livros do Arquivo da Cúria referentes ao século XVIII e me dei conta de que vários deles, por suas precárias condições, hoje não estão disponíveis para consulta, impedindo o avanço da pesquisa. Com o auxílio da digitalização, consegui recuperar o antigo microfilme do AHU com o compromisso de Nossa Senhora dos Remédios e pude então perceber que a assinatura de Souza nesse documento era a mesma do estatuto da Congregação contido no Manuscrito. Ao mesmo tempo, a assinatura de Gonçalo Cordeiro no estatuto da devoção de Nossa Senhora dos Remédios é bem menos desenhada do que a incluída no Manuscrito. Assim, posso afirmar que o Manuscrito, todo em letra bem desenhada, foi escrito por Souza, e não pelo secretário. Souza é não apenas o autor do texto, mas também o responsável pela escrita da cópia que chegou até a Biblioteca Nacional, onde se encontra pelo menos desde o século XIX.[77]

A maior novidade ao preparar esta edição foi a localização da "Habilitação matrimonial de Francisco Alves de Souza" no Arquivo da Cúria Metropolitana do Rio de Janeiro, que permitiu saber mais sobre Francisco e compor ao menos uma pequena biografia. A história não terá um fim enquanto ficar em suspenso o que aconteceu a Victoria Correa depois da morte do marido, e o que teria conseguido com suas artimanhas contra o regente Souza. Fica também faltando sua versão dos acontecimentos aqui narrados.

O que o texto esconde

O Diálogo Primeiro trata dos Makii no Rio de Janeiro; o Segundo, da Costa da Mina. Nenhum deles faz referência à escravização e ao tráfico, seja do ponto de vista mais genérico, seja a partir de experiências pessoais dos Makii. Não há nenhuma informação sobre como foram escravizados, onde foram embarcados e como foram distribuídos entre Bahia, Minas Gerais e Rio de Janeiro. Enquanto o Diálogo Primeiro reforça a identidade Makii, o Segundo trata de temas distantes do cotidiano dos membros da Congregação. Apesar da variação temática, ambos tentam construir uma unidade que evite a perspectiva de profundas cisões no interior do grupo.

Nenhum dos dois diálogos faz menção ao futuro. Não há sequer menção a novas gerações e à continuidade da Congregação. A identidade Makii, assim como a de outros africanos traficados, dizia respeito àqueles que partilhavam a experiência comum da escravização e da transferência forçada, no caso, para o Rio de Janeiro. É na longínqua terra dos Makii que os Makii exilados no Rio de Janeiro encontram seu sentimento mais profundo de pertencimento e coletividade. Na cidade do Rio de Janeiro, eles eram não só escravos, mas estrangeiros em busca de reencontrar-se com seus "parentes" para partilhar a experiência da perda e a disposição de reconstruírem suas vidas. Teria talvez sido possível que ali reunidos conseguissem não apenas reconstruir suas vidas, mas reconstruir o sentimento coletivo de ser Makii, o que se convencionou chamar etnicidade. Mas a reconstrução de uma etnia no exílio exige laços sólidos, tempo para rearranjar a bagagem trazida, construir um novo acervo cultural, criar novas formas de organização, gerar filhos e netos.

Meu longo trabalho com os africanos Mina na cidade do Rio de Janeiro me permite afirmar que a grande maioria deles não teve filhos e não fez planos de longo prazo. Não só a liberdade lhes foi tirada. Mesmo depois de libertos, faltou-lhes o ambiente necessário para reconstruírem sua coletividade com uma perspectiva de futuro que lhes permitisse sonhar com algo que fosse além de almejarem a liberdade de seus corpos e a salvação de suas almas.

CRONOLOGIA DA CONGREGAÇÃO MAKII

1727

12 DE SETEMBRO _ Batismo de Pedro Mina, escravo do ouvidor-geral do Rio de Janeiro, Manoel da Costa Mimoso, que mais tarde seria Pedro da Costa Mimoso, primeiro rei da Congregação Mina.[1]

1740

_ Fundação da Irmandade de Santo Elesbão e Santa Efigênia, instalada na igreja de São Domingos.[2]

c. 1740 (anterior a 1748)

_ Criação da Congregação Mina, cujo rei era Pedro da Costa Mimoso (Dagomé).[3]

1742

JANEIRO _ Batismo de Victoria Coura, na Matriz de Nossa Senhora da Conceição (Vila Rica, MG).[4]

22 DE SETEMBRO _ Batismo de Ignacio Mina, no Rio de Janeiro, na Freguesia de Nossa Senhora da Candelária (Rio de Janeiro, RJ).[5]

1748

_ Primeira reforma do compromisso de 1740 da Irmandade de Santo Elesbão e Santa Efigênia.[6]

_ Francisco chega ao Rio de Janeiro vindo da Bahia, com cerca de doze anos, onde se torna escravo de Feliciano Teixeira Álvares.[7]

1755
13 DE DEZEMBRO _ Alforria de Victoria Correa no Rio de Janeiro.[8]

1757
12 DE JANEIRO _ Alforria de Ignacio Monte no Rio de Janeiro.[9]

1759
25 DE FEVEREIRO _ Correm os proclamas para o casamento de Ignacio Gonçalves do Monte e Victoria Correa da Conceição.[10]

A PARTIR DE MARÇO _ Casamento de Ignacio e Victoria.

1760
_ Ano provável da morte de Pedro da Costa.

_ Ano provável da eleição de Clemente de Proença como rei da Congregação Mina.

1762
_ Monte é eleito rei dos Makii na irmandade.[11]

1763
30 DE ABRIL _ Monte escreve um testamento.[12]

1767

_ Segunda reforma do compromisso que cria o Império de Santo Elesbão, com sete reis, entre eles um rei Makii.[13]

1777

_ Correm os proclamas do casamento de Francisco Alves e Rita Sebastiana (ele ainda escravo).[14]

Antes de 1786

_ Alforria de Francisco Alves de Souza.[15]

1781

_ Monte fica doente e acamado.[16]

_ Souza é escolhido por Monte como seu regente.[17]

1783

25 DE DEZEMBRO _ Morte de Monte.[18]

27 DE DEZEMBRO _ Registro do óbito de Monte no Livro de Óbitos da Freguesia da Sé, com o testamento de 1763 anexado.[19]

1784

8 DE JANEIRO _ Victoria Correa da Conceição, viúva de Monte, convoca reunião na igreja para contestar a liderança de Souza.[20]

1784

9 DE MARÇO _ Diligência na qual o escrivão do meirinho das cadeias notifica Souza da decisão do juiz de paz para que aceite ser regente da Congregação Makii; Souza concorda e o meirinho passa a fé de sua concordância.[21]

_ Escrivão do meirinho das cadeias informa que tem notificação para Victoria Correa da Conceição sobre entrega do cofre da Congregação aos congregados.[22]

13 DE MARÇO _ Eleição de Souza como rei/regente da Congregação Makii.[23]

20 DE MARÇO _ Posse de Souza como regente da Congregação Makii. Termo de posse assinado por quarenta pessoas.[24]

1784 (ou 1785)

_ Confirmação da sentença do Tribunal da Relação sobre a disputa do cofre, em favor da viúva.

_ Audiência na sala do vice-rei dom Luís de Vasconcelos (1778-90), com a presença do rei da igreja do Rosário, para estabelecer limites da autoridade de Souza ante os congregados.[25]

1786

31 DE JANEIRO _ Redação do Estatuto da Devoção da Almas.[26]

DEPOIS DE 31 DE JANEIRO _ Souza redige os dois diálogos a pedido de Gonçalo Cordeiro, secretário da Congregação.[27]

1788

4 DE JUNHO _ Registro do Compromisso da Confraria de Nossa Senhora dos Remédios pelo ouvidor-geral da vara cível no Rio de Janeiro. Em seguida, o estatuto (dirigido a dona Maria, rainha de Portugal) é enviado a Lisboa para aprovação da Mesa de Consciência e Ordens.[28]

_ Estatuto pede à rainha de Portugal que tire o cofre da confraria da posse da viúva de seu antigo rei. O pedido indica que, passados cerca de quatro anos, a viúva ainda estava de posse do cofre e os congregados continuavam a lutar por ele.[29]

29 DE OUTUBRO _ Em Lisboa, parecer favorável à confirmação do Compromisso da Confraria de Nossa Senhora dos Remédios.

1791

13 DE JANEIRO _ Falecimento de Alexandre de Carvalho, importante membro da Congregação Makii durante a gestão de Francisco Alves de Souza. Foi um dos congregados que pediram ao juiz de paz que obrigasse Souza a ser rei da Congregação; na gestão de Souza, foi eleito *Euçûm valûm*, segundo membro do conselho e portador da segunda chave do cofre da Congregação.[30]

1792

5 DE AGOSTO _ Falecimento de Joana do Prado, esposa de Gonçalo Cordeiro, interlocutor de Souza nos diálogos. Certidão de morte passada em 1796 por João Luiz de Figueiredo, então escrivão da

Irmandade dos Gloriosos Santos Elesbão e Efigênia, em que consta ter sido ela sepultada na capela da Irmandade.[31]

1796

5 DE FEVEREIRO _ Correm os proclamas para o casamento do alferes Gonçalo Cordeiro com Elena Garcia, ambos viúvos.[32]

NOTA: não localizei informação alguma que indique por quantos anos Souza dirigiu a Congregação nem como terminou a disputa com Victoria Correa e seus partidários. Tampouco foram localizados seus respectivos testamentos e registros de óbito.

FONTES E BIBLIOGRAFIA

FONTES MANUSCRITAS

ARQUIVO DA CÚRIA METROPOLITANA (RIO DE JANEIRO) (ACMRJ)

"Habilitação matrimonial de Ignacio Monte e Victoria Correa" (1757), cx. 1649, not. 22 119.

"Habilitação matrimonial de Francisco Alves de Souza e Rita Sebastiana de Souza" (1777), cx. 3 084, not. 75 190.

"Batismo de Pedro Mina. Livro de Batismo de escravos da Freguesia da Sé da cidade do Rio de Janeiro, 1726-1733", fl. 38.

"Testamento de Ignacio Gonçalves do Monte (1763). Livro de Testamentos e Óbitos da Sé, 1776-1784", fls. 442-44.

ARQUIVO HISTÓRICO ULTRAMARINO (LISBOA) (AHU)

"Compromisso da Devoção de Nossa Senhora dos Remédios. Capela de Santa Efigênia no Rio de Janeiro" (1788), códice 1 300.

ARQUIVO NACIONAL (RIO DE JANEIRO)

"Inventário de José dos Santos Martins", cx. 628, galeria A, Juízo dos Órfãos, inventário n.° 7 129.

"Escritura de alforria de Ignacio Mina", 2.° Ofício de Notas do Rio de Janeiro, série Livro de Notas, 76, p. 17v.

"Escritura de compra sobrado na rua do Rosário por 1 280 réis, em

09.10.1779". 2.º Ofício de Notas do Rio de Janeiro, série Livro de Notas, 105, fl. 127v.

BIBLIOTECA NACIONAL (RIO DE JANEIRO) (BN-RJ)

"Regra ou estatutos por modo de Hûm Dialogo onde, se dá notiçias das Caridades e Sufragaçoens, das Almas, que uzam os prettos Minnas, com seus Nancionaes no Estado do Brazil, expeçialmente no Rio de Janeiro, por onde se hão de regerem, e gôvernarem, fora detodo, o abuzo gentílico, e Supersticiozo; composto por Françîsco Alvês de Souza pretto, e natural do Reino deMakim, hûm dos mais, exçelente E potentados daqûela ôriunda Costa da Minna" (Manuscrito Makii), BN (MA) 9, 3, 11.

BIBLIOTHÈQUE NATIONALE DE FRANCE (PARIS/GALLICA ONLINE)

Des Marchais (Chevalier). *Journal de Voiage de Guinneé es Cayenne par le chevalier des Marchais Capitain comendant [...] fregatte de la Compag. des Indes, l'expedition pend.t les anneés 1724, 1725 es 1726 enrichy des plus. res cartes es figures*. Companhie des Indes, *c*. 1726.

———

FONTES IMPRESSAS

Bergé, J. A. M. A. R. "Étude sur le pays Mahi". *Bulletin du Comité d'Études Historiques et Scientifiques de l'*AOF II, 1928.

Dapper, Olfert. *Description de l'Afrique*. Amsterdam: Chez Wolgang, Waeberge, Boom & van Someren, 1686.

Debret, Jean-Baptiste. *Viagem pitoresca e histórica ao Brasil*. Notas de Sergio Milliet. São Paulo: Livraria Martins, 1940, v. 3.

Julião, Carlos (aquarelas por). *Riscos iluminados de figurinhos de brancos e negros dos uzos do Rio de Janeiro e Serro do Frio*. Introdução histórica e catálogo descritivo por Lygia da Fonseca Fernandes Cunha. Rio de Janeiro: Biblioteca Nacional, 1960.

Mariz, Pedro de. *Diálogos de varia historia em que summariamente se referem mytas cousas antiguas de Hespanha e* [sic] *todas as mais novaues q[ue] em Portugal acontecerão em suas gloriosas conquistas antes e depois de ser levantado a Dignidade Real, e outras muytas de outros reynos dignas de memoria: com os retratos de todos os Reys de Portugal*. Coimbra: Officina de Antonio de Mariz, 1594.

Mauricio, Augusto. *Templos históricos do Rio de Janeiro*. 2.ª ed. Rio de Janeiro: Gráfica Laemmert Ltda., 1946.

Platão, *A República*. São Paulo: Difusão Europeia do Livro, 1965, v. 1.

Rugendas, Johann Moritz. *Viagem pitoresca através do Brasil*. Rio de Janeiro: Itatiaia, 1972.

Vasconcelos, Luiz de (dom). "Memórias públicas e econômicas da cidade de São Sebastião do Rio de Janeiro para o uso do vice-rei Luiz de Vasconcelos por observação curiosa dos anos de 1779 até o de 1789". *Revista do Instituto Histórico e Geográfico Brasileiro*, t. xlvii, parte 1, ano 1884.

———

OBRAS DE REFERÊNCIA

Catálogo da Exposição de História do Brasil (edição fac-similar). Rio de Janeiro: Typographia G. Leuzinger & Filhos, 1881; Brasília: Editora da UnB, 1981, t. ii.

BASES DE DADOS

Pretos minas da cidade do Rio de Janeiro (século XVIII). Pesquisa em andamento por Mariza de Carvalho Soares e Michel Mendes Marta.

The Transatlantic Slave Trade Database (versão 2.0). Disponível em: slavevoyages.org/voyage/database. Acesso em: 5 mar. 2019.

LIVROS, ARTIGOS, CAPÍTULOS DE LIVROS E TESES

Akinjogbin, I. A. *Dahomey and its Neighbours 1708-1818*. Cambridge: Cambridge University Press, 1967.

Bay, Edna G. *Wives of the Leopard. Gender, Politics, and Culture in the Kingdom of Dahomey*. Charlottesville: University of Virginia Press, 1998.

Castro, Yeda Pessoa de. *A língua Mina-Jeje no Brasil: um falar africano em Ouro Preto do século XVIII*. Belo Horizonte: Fundação João Pinheiro, 2002.

Cavalcanti, Nireu. *A cidade de São Sebastião do Rio de Janeiro: as muralhas, sua gente, os construtores (1710-1810)*. Tese (Doutorado em história) — Rio de Janeiro: Universidade Federal do Rio de Janeiro, 1997.

Cornevin, Robert. *Histoire du Dahomey*. Paris: Éditions Berger-Levrault, 1962.

Dias, Maria Odila L. S. "Aspectos da Ilustração no Brasil". *Revista do Instituto Histórico e Geográfico Brasileiro*, v. 278, jan.-mar. 1968, p. 105-70.

Faria, Sheila de Castro. *Sinhás pretas, damas mercadoras. As pretas minas nas cidades do Rio de Janeiro e de São João del Rey (1700-1850)*.

Tese (Professor titular em história) — Niterói: Universidade Federal Fluminense, 2004.

Farias, Juliana Barreto e Soares, Mariza de Carvalho. "De Gbe a Yoruba. Os pretos minas no Rio de Janeiro, século XVIII ao XX". *Revista África(s)*, v. 4, n. 8, jul.-dez. 2017, p. 46-62.

Florentino, Manolo. "Alforrias e etnicidade no Rio de Janeiro oitocentista: notas de pesquisa". *Topoi*, 5, 2002, p. 9-40.

Fonseca, Humberto José da. *Vida e morte na Bahia colonial. Sociabilidades festivas e rituais funebres (1640-1760)*. Tese (Doutorado em história) — Belo Horizonte: Universidade Federal de Minas Gerais, 2006.

Gbéto, Flavien. *Le Maxi du Centre-Bénin et du Centre-Togo. Une approche autosegmantale et dialectologique d'un parler Gbe de la section Fon*. Colônia: Rüdiger Köppe Verlag, 1997.

Lahon, Didier. *Esclavage et confréries noires au Portugal durant l'Ancien Régime (1441-1830)*. Tese (Doutorado em antropologia) — Paris: École des Hautes Études en Sciences Sociales, 2001.

Law, Robin. *The Slave Coast of West Africa*. Oxford: Oxford University Press, 1997.

Lopes, Vânia Penha. À *venerável Irmandade de Santo Elesbão e Santa Efigênia, ou uma tentativa de entendimento da questão étnica no Brasil*. Monografia (Bacharelado em ciências sociais) — Niterói: Universidade Federal Fluminense, 1981.

Marta, Michel Mendes. "As milícias de cor na cidade do Rio de Janeiro, séculos XVIII e XIX". Mariza de Carvalho Soares e Nielson Rosa Bezerra (org.). *Escravidão africana no recôncavo da Guanabara (séculos XVII-XIX)*. Niterói: EduFF, 2011, p. 47-66.

_____. *Em busca de honras, isenções e liberdades: as milícias de homens pretos forros na cidade do Rio de Janeiro (meados do século XVIII e início do século XIX*). Dissertação (Mestrado em história) — Niterói: Universidade Federal Fluminense, 2013.

Mecke, Jochen. "Dialogue in narration (the narrative principle)". In: Tulio Maranhão (ed.). *The Interpretation of Dialogue*. Chicago; Londres: University of Chicago Press, 1990.

Mello, Isabele. *Magistrados a serviço do rei: a administração da justiça e os ouvidores-gerais na comarca do Rio de Janeiro (1710-1790)*. Tese (Doutorado em história) — Niterói: Universidade Federal Fluminense, 2013.

Mulira, Jessie G. *A History of the Mahi Peoples from 1774-1920*. Tese (Doutorado em história) — Los Angeles: University of California, 1984.

Mulvey, Patricia Ann. *The Black Lay Brotherhoods of Colonial Brazil: a History*. Tese (Doutorado em história) — Nova York: City University of New York, 1976 (cópia: Ann Arbor, Michigan: University Microfilms, 48 108).

Oliveira, Anderson José Machado de. *Devoção e caridade. Irmandades religiosas no Rio de Janeiro imperial (1840-1889)*. Dissertação (Mestrado em história) — Niterói: Universidade Federal Fluminense, 1995.

Oliveira, Patrícia Porto de. "Batismo de escravos adultos e o parentesco espiritual nas Minas setecentistas". Comunicação publicada nos *Anais da V Jornada Setecentista*, Curitiba, 26-28 nov. 2003.

Oliveira Junior, Paulo Cavalcante de. *Negócios de trapaça: caminhos e descaminhos na América portuguesa (1700-1750)*. Tese (Doutorado em história) — São Paulo: Universidade de São Paulo, 2002.

Parés, Nicolau. *O rei, o pai e a morte: a religião vodum na antiga costa dos escravos na África ocidental*. São Paulo: Companhia das Letras, 2016.

Peixoto, Antonio da Costa. *Obra nova da língua geral de Mina*. Lisboa: Agência Geral das Colônias, 1945.

Pinheiro, Fernanda Domingos. *Confrades do Rosário: sociabilidade e identidade étnica em Mariana — Minas Gerais (1745-1820)*. Dissertação (Mestrado em história) — Niterói: Universidade Federal Fluminense, 2006.

Quintão, Antônia Aparecida. *Lá vem meu parente. As irmandades de pretos e pardos no Rio de Janeiro e em Pernambuco (século XVIII)*. São Paulo: Annablume, 2002.

Reis, João José. *A morte é uma festa*. São Paulo: Companhia das Letras, 1991.

_____. "Identidade e diversidade étnica nas irmandades negras no tempo da escravidão". *Tempo*, v. 2, n.º 3, 1997, p. 7-33.

Santos, Afonso Carlos Marques dos. *No rascunho da nação: inconfidência no Rio de Janeiro*. Rio de Janeiro: Prefeitura do Rio de Janeiro, 1992.

Santos, Corsino Medeiros dos. *O Rio de Janeiro e a conjuntura atlântica*. Rio de Janeiro: Expressão e Cultura, 1993.

Silva, Maria Odila Leite da. "Aspectos da Ilustração no Brasil". *Revista do Instituto Histórico e Geográfico Brasileiro*, v. 278, jan.-mar. 1968, p. 105-70.

Soares, Mariza de Carvalho. *Identidade étnica, religiosidade e escravidão. Os "pretos minas" no Rio de Janeiro (século XVIII)*. Tese (Doutorado em história) — Niterói: Universidade Federal Fluminense, 1998.

_____. "Apreço e imitação no diálogo do gentio convertido". *Ipotesi*, v. 4, n.º 1, jan.-jun. 2000, p. 111-23.

_____. *Devotos da cor: identidade étnica, religiosidade e escravidão no Rio de Janeiro, século XVIII*. Rio de Janeiro: Civilização Brasileira, 2000.

_____. "O Império de Santo Elesbão na cidade do Rio de Janeiro, no século XVIII". *Topoi*, n.º 4, 2002, p. 59-83.

Soares, Mariza de Carvalho. "A 'nação' que se tem e a 'terra' de onde se vem: categorias de inserção social de africanos no Império português século XVIII". *Estudos Afro-Asiáticos*, ano 26, maio-ago. 2004, p. 303-30.

_____. "A biografia de Ignacio Monte, o escravo que virou rei". In: Ronaldo Vainfas e outros (org.) *Retratos do Império: trajetórias individuais no mundo português nos séculos XVI a XIX*. Niterói: EdUFF, 2006, p. 47-68.

_____. "Indícios para o traçado das rotas terrestres de escravos na baía do Benim, século XVIII". In: Mariza de Carvalho Soares (org.). *Rotas atlânticas da diáspora africana: entre a baía do Benim e o Rio de Janeiro*. Niterói: EdUFF, 2007, p. 65-99.

_____. "Can Women Guide and Govern Men? Gendering Politics among African Catholics in Colonial Brazil". In: Gwyn Campbell, Suzanne Miers, Joseph C. Miller (ed.). *Women and Slavery. Volume II — Americas*. Ohio University Press, 2007, p. 79-99.

_____. "A conversão dos escravos africanos e a questão do gentilismo nas *Constituições Primeiras da Bahia*". In: Bruno Feitler e Evergton Sales Souza. *A Igreja no Brasil: normas e práticas durante a vigência das Constituições Primeiras do arcebispado da Bahia*. São Paulo: Unifesp, 2011, p. 303-21.

_____. "Art and the History of African Slave Folias in Brazil". In: Ana Lucia Araújo, Mariana P. Candido e Paul E. Lovejoy (ed.). *Crossing Memories. Slavery and African Diaspora*. Londres: Africa World Press, 2011, p. 209-35.

_____. *People of Faith. Slavery and African Catholics in Eighteenth--Century Rio de Janeiro*. Durham; Londres: Duke University Press, 2011.

_____. "Africain, esclave et roi: Ignacio Monte et sa cour à Rio de

Janeiro au XVIIIe siècle". *Brésil(s) Sciences Humaines et Sociales*, n.º 1, 2012, p. 13-32.

_____. "African barbeiros in Brazilian Slave Ports: A Case Study from Rio de Janeiro". In: Jorge Cañizares-Esguerra, Matt D. Childs e James Sidbury (ed.). *The Black Urban Atlantic in the Age of the Slave Trade*. Filadélfia: University of Pensilvania Press, 2013, p. 207-30.

_____. "Heathens Among the Flock: Converting African-Born Slaves in Eighteenth Century Rio de Janeiro". *Slavery & Abolition*, edição especial, 2015.

Verger, Pierre. *Fluxo e refluxo do tráfico de escravos entre o golfo do Benin e a Bahia de Todos os Santos dos séculos XVIII a XIX*. 3.ª ed. São Paulo: Corrupio, 1987.

Villalta, Luiz Carlos. "O que se fala e o que se lê: língua, instrução e leitura". In: Fernando A. Novaes (dir.). *História da vida privada no Brasil 1. Cotidiano e vida privada na América portuguesa*. São Paulo: Companhia das Letras, 1997.

ANEXOS

Escritura de alforria e carta de liberdade de Ignacio Mina (1757)[1]

Saibam quantos este público instrumento virem que no ano do nascimento de Nosso Senhor Jesus Cristo de mil setecentos e cinquenta e sete anos aos doze dias do mês de janeiro do dito ano nesta Cidade do Rio de Janeiro em casas de morada de mim tabelião adiante nomeado apareceu presente Domingos Gonçalves que reconheço ser o mesmo aqui nomeado e por ele me foi dito em presença das testemunhas adiante nomeadas e assinadas que ele era senhor e possuidor de um escravo chamado Ignacio de nação Mina oficial de barbeiro e sangrador e que pela liberdade deste havia a quantia de trezentos e cinquenta mil-réis da mão de Antônio Gonçalves da Costa que com efeito recebeu na minha presença a sobredita quantia em dinheiro corrente e moeda de ouro e prata neste estado e reino do que dou fé judicial e que pela referida quantia lhe dava como com efeito logo deu Carta de Alforria e Liberdade de hoje para todo o sempre ao dito preto Ignacio para que de hoje em diante se possa fazer a sua liberdade como se livre nascesse isento de toda a escravidão e cativeiro podendo ir para onde muito quiser, e lhe parecer e sem que pessoa alguma lhe possa impedir e pede as justiças de Sua Majestade lhe façam dar inteiro cumprimento e se obriga por sua pessoa e todos os seus bens presentes e futuros e o melhor parado deles fazer liberdade boa de paz e pacífica e a tirar salvo a ele liberto de toda a dúvida que ao contrário se lhe ofereça por dar esta alforria muito de sua livre vontade e sem constrangimento de pessoa alguma e só pelo fato de receber o seu justo valor e em fé de que fiz este instrumento que li o aceitou e eu tabelião aceito em nome do dito liberto como pessoa pública estipulante e aceitante e o assinou sendo testemunhas presentes Antônio Gonçalves da Costa e Francisco José Brandão reconhecidas de mim tabelião Francisco Coelho da Silva que o escrevi.

Domingos Gonçalves. Francisco José Brandão. Antônio Gonçalves da Costa [assinatura de todos os presentes]

Testamento de Ignacio Gonçalves do Monte (1763)[2]

Ignacio Gonçalves do Monte. Aos vinte e sete de dezembro de mil setecentos e oitenta e três, faleceu o capitão Ignacio Gonçalves do Monte com todos os sacramentos, casado com Victoria Correa da Conceição, foi sepultar-se à capela de Santa Efigênia, amortalhado no hábito de são Francisco, acompanhado pelo reverendo pároco com dez sacerdotes e fez seu testamento de que fiz este assento.

Em nome da Santíssima Trindade. Amém. Eu, Ignacio Gonçalves do Monte, estando são, e de saúde em meu perfeito juízo, e entendimento que Nosso Senhor me deu temendo-me da morte, e desejando pôr minha Alma no Caminho da Salvação por não saber o que Nosso Senhor de mim quer fazer, e quando será servido levar-me para si, faço este meu testamento na forma seguinte. = Primeiramente encomendo a minha Alma à Santíssima Trindade que a criou, e rogo ao Padre Eterno pela morte e paixão de Seu Unigênito Filho me queira receber como recebeu a Sua, estando na árvore da Vera Cruz; e a meu Senhor Jesus Cristo, peço por Suas divinas chagas, já que nesta vida me fez mercê dar-me o Seu precioso sangue em merecimento de Seus trabalhos me faça também mercê na vida que esperamos dar o prêmio deles que é a Glória, e peço e rogo à Gloriosa Virgem Maria Nossa Senhora Mãe de Deus, e ao Glorioso Santo do meu nome, e a todos os santos, e santas da Corte Celestial, e particularmente ao anjo da minha guarda, e a todos os santos com quem tenho devoção queiram por mim interceder, rogar a meu Senhor Jesus Cristo agora e quando minha Alma deste corpo sair, porque como verdadeiro cristão protesto viver, e morrer em sua Santa Fé Católica, e crer o que crê, e ensina a Santa Madre Igreja Romana, e nesta fé espero salvar a minha Alma, não por meus merecimentos, mas pelos da Santíssima Paixão do Unigênito Filho de Deus. = Declaro que sou natural da Costa da Mina preto forro, e liberto, e fui escravo de Domingos Gonçalves do Monte, a quem dei por minha liberdade trezentos, e cinquenta mil-réis como constará da minha Carta de Alforria. Declaro que sou casado com Victoria Correa da Conceição, preta forra, e até o fazer deste meu testamento não temos tido filhos, e nem os tenho de outra qualquer mulher em solteiro, e nem depois de casado. = Declaro que a dita minha mulher é minha parenta por sanguinidade em terceiro grau, por ser ela filha do meu avô [Eseú Agoa]; bem conhecido rei que foi entre os gentios daquela costa do Reino de [Maý], ou Maqui, e por causa do dito parentesco consumarmos matrimônio foi-nos preciso dispensa de Sua Excelência Reverendíssima dom Frei Antônio do Desterro bispo desta cidade. = Item declaro que conseguintemente por via do dito parentesco que tenho com a dita minha mulher a instituo minha herdeira, por não ter outro, que por direito deva herdar meus bens, depois de cumpridos os meus legados. = Rogo em primeiro lugar à minha mulher, e herdeira Victoria Correa da Conceição, em segundo a Francisco do Couto Suzano, e em terceiro a Francisco do Couto, digo, a José dos Santos Martins, pretos forros, que por serviço de Deus, e por me fazerem mercê, queiram ser meus testamenteiros. = Ordeno que o meu corpo seja sepultado na igreja da minha Irmandade dos Santos Elesbão, e Efigênia, e amortalhado no hábito de são Francisco, e levado no esquife da mesma irmandade com acompanhamento dos meus irmãos e me acompanhará o meu reverendo pároco com dez sacerdotes e se lhes dará esmola costumada. = Item declaro que a dita testamenteira, e herdeira parecendo-lhe bem; e havendo com que dará de esmola aos meninos órfãos de são Joaquim seis mil e quatrocentos réis, e dará que for preciso para acompanharem o meu corpo até a sepultura. = Declaro que deixo por minha Alma vinte missas de corpo presente da esmola de quatrocentos réis, cada uma, as quais serão ditas, a saber, dez na igreja da minha freguesia, e dez na dita minha irmandade, donde se sepultará o meu corpo. = Item declaro que deixo de sufrágios pela minha Alma duas capelas de missas de esmola de trezentos e vinte réis cada uma que meus testamenteiros me mandarão dizer nesta cidade em qualquer igreja, convento, e capela a eleição dos meus testamenteiros. = Item declaro que meus testamenteiros me mandarão dizer vinte missas, a saber, seis, pela Alma do meu defunto senhor que foi Domingos Gonçalves do Monte, quatro pela Alma da minha madrinha Tereza de Jesus, quatro pela Alma do reverendo padre Tomás de Abreu Maciel, e seis pelas Almas dos meus defuntos parceiros que foram, todas da esmola de trezentos e vinte réis cada uma. = Declaro que deixo de esmola para os pobres no dia de meu falecimento quatro patacas e não será preciso que os meus testamenteiros apresentem certidão desta esmola em juízo. = Item declaro que os bens que há no casal, assim de escravos, ouro, prata e mais trastes móveis de casa, tudo deixo à disposição de minha mulher e herdeira, a qual venderá os que forem precisos para dar cumprimento aos meus legados, exceto o escravo João de nação Mina, o qual escravo pelos bons serviços que dele tenho recebido o deixo forro da minha metade que tenho nele, e minha dita minha e herdeira fará toda esmola que poder ao dito escravo, por nos ter servido bem. Declaro que me deve em Minas de Pitangui o senhor Davi de Magalhães Coelho a quantia de setenta e um mil e duzentos e trinta e cinco réis, resto de um moleque meu que lhe vendeu o senhor Gabriel João da Silva, como melhor constará do crédito que tenho do dito comprador por tempo de um ano. = Item declaro que alguns meus patrícios, e amigos me dão a guardar seus dinheiros por mais seguros em minha mão, e os vêm buscar quando querem, ou tudo, ou por parcela; cujos assentos e declarações faço em um livrinho que tenho na minha gaveta, aonde trago as mais cousas de valor de que minha mulher de tudo tem perfeito conhecimento e o dito livrinho tem setenta e cinco folhas, rubricadas com o meu nome ou apelido, Monte. Tudo quanto estiver assentado e declarado nele por minha letra, é a mesma verdade. Os ditos assentos e declarações de dívidas, os faço em uma página conforme o número das folhas e as saídas em fronte como livros de deve, e o de haver dos homens de negócio. = Item declaro que dos ditos dinheiros que me dão a guardar, se me tiver servido de algum para algum particular meu, e não tiver ainda reposto, ou inteirado até minha morte ordeno a meus testamenteiros, que do primeiro dinheiro que fizerem da minha fazenda seja primeiro que tudo para inteirar a tal quantia, ou quantias de que me servi para os meus particulares a seus donos, sem a mínima repugnância. = Item declaro que no mesmo sobredito livrinho, faço também assentos, e declarações de algum dinheiro, que empresto a várias pessoas, e pago que seja ponho pg. e riscado a tal assento, e todos que assim não estiverem, é a mesma verdade que me está devendo a tal pessoa. = Declaro que sou testamenteiro da defunta Quitéria Fernandes da Silva preta forra, de cujo testamento ainda não dei conta por senão ter acabado o tempo estipulado nele para a sua conta, mas porém tenho dois cadernos de que me tenho servido para assentos, e declarações pertencentes à mesma testamentária. = Item declaro que até o fazer deste meu testamento tenho cumprido todos os legados da dita testamentária; e só me faltam cumprir, com os dos remanescentes, por via dos escravos coartados, como se verá no mesmo testamento. = Item declaro que costumo comprar fazendas a um freguês meu moço, mercador, e morador na rua do Rosário, ao pé do Trapiche ao Açúcar, por nome senhor André Correa Brandão, sócio com o senhor José Duarte de Almeida, para uso meu, e de minha família, o que disserem os ditos senhores, que eu lhes fiquei devendo depois do meu falecimento, ordeno aos meus testamenteiros lhes pague sem contenda da Justiça, porque será a mesma verdade por serem homens muito verdadeiros, que não dirão, que lhes fiquei devendo sem ser qualidade, porque me vendem sempre as fazendas que careço, para o gasto da minha casa com tão ampla vontade, e deliberação, quer levando o dinheiro para os comprar à vista como não. = Item declaro que os dois ditos senhores também são meus fregueses de barba e sangrias e o mais que se fizesse na minha oficina de barbeiro; cujos assentos se achará em um livrinho, de que me sirvo para os assentos dos meus fregueses. Meus testamenteiros verão também no mesmo livro, o que eles me ficaram devendo depois do meu falecimento para lhes meter em conta da minha dívida para com eles, se eu lhes dever, aliás cobrarão porque não ajusto contas com os ditos senhores, senão de ano em ano, ou de dois em dois anos, às vezes de três em três, como se achará declarado no sobredito livro. = Item declaro que meus testamenteiros pagarão minha Irmandade dos santos Elesbão e Efigênia os anuais que eu ficar devendo até o dia de meu falecimento para os meus irmãos fazerem pela minha Alma os sufrágios que são obrigados a fazer pelos irmãos que falecerem. = Item declaro que deixo de esmola para os ditos santos da minha irmandade seis mil e quatrocentos réis que meus testamenteiros darão. = Declaro que não devo nada a ninguém, mais que a conta que quase sempre trago com os dois ditos senhores André Correa Brandão, e José Duarte de Almeida, como fica acima declarado. = Item declaro que se por meu falecimento houver pessoa que diga lhe fiquei devendo alguma cousa sendo pessoa de verdade ordeno que se lhe pague sem contenda de Justiça. = Item declaro que a meus testamenteiros se lhes levará em conta toda a despesa que fizerem com este meu testamento tanto ordinário como extraordinário em atenção ao muito que se gasta e se não conta, e não é minha vontade que gastem nada de sua fazenda na administração da minha, cuja despesa constará do rol que dela apresentarem sem mais averiguação. Declaro que deixo aos meus testamenteiros o que tiver a seu cargo o expediente deste meu testamento vinte mil réis por prêmio de seu trabalho. = Item declaro que meus testamenteiros não serão obrigados a dar conta deste meu testamento, senão dentro de três anos depois do meu falecimento. = Revogo outro qualquer testamento, que antes deste haja feito, ou codicilo, por mais cláusulas que tenha deste derrogatórias, porquanto é minha vontade, que só este tenha sua devida execução por ser esta minha última vontade. E nesta forma hei por acabado este meu testamento na forma que tenho dito, e torno a pedir a minha mulher e herdeira Victoria Correa da Conceição, aos senhores Francisco do Couto Suzano, e José dos Santos Martins, que por serviço de Deus, e por me fazerem mercê queiram ser meus testamenteiros, para o que a todos e a cada um de per si *insolidum* lhes dou concedo todos os meus livres e cumpridos poderes que em direito me são concedidos com livre e geral administração, para de meus bens tomarem conta e venderem os que necessário forem para a enterrar meu corpo e pagar minhas dívidas, e cumprir meus legados sem que para isso deem fiança em juízo algum, por os haver empossados de minha fazenda, e abonados não somente para esta quantia mas para outra maior, se necessário for, e poderão vender meus bens fora da praça como melhor lhes parecer. E se para maior validade deste meu testamento lhes faltarem algumas condições palavras cláusulas, ou letras em direito necessárias, aqui as hei por postas expressas, e declaradas, como se de cada uma fizesse expressa e declarada menção, e no caso que leve algumas condições palavras, ou letras demais que façam objeção ao seu inteiro vigor, e cumprimento, as hei por revogadas e não postas. E peço as Justiças de Sua Majestade que Deus guarde de um e outro foro, que assim o cumpram, e mandem cumprir, e guardar inteiramente como nele se contém na forma que tenho dito. O qual testamento por assim o querer, o fiz de minha letra e sinal hoje cidade de São Sebastião do Rio de Janeiro dia mês e ano ao princípio declarado. Ignacio Gonçalves do Monte. Foi aprovado pelo tabelião João de Melo Castelo Branco aos trinta dias do mês de abril de mil setecentos e sessenta e três anos. Sendo testemunhas presentes Ignacio Cardoso da Silva, Domingos Paulino Silva, José Nunes da Silveira, [...] Gomes de Campos, Salvador Feliz Dias todos maiores de catorze anos pessoas reconhecidas do dito tabelião, que escreveu e assinou com seu sinal público raso costumado. João de Melo Castelo Branco, Ignacio Gonçalves do Monte. E não se continha mais cousa alguma no dito testamento, que bem e fielmente fiz trasladar do próprio testamento que me foi apresentado de que mandei fazer este assento e assinei.

Cônego cura Roberto Car. Ribeiro de Bustamante.

Habilitação matrimonial de Francisco Alves e Rita Sebastiana (1777)[3]

1 1777   Rubrica [Estevão José da Silva] Coimbra
Francisco Alves, preto escravo
Rita Sebastiana, preta forra
M. 37 — n. 60
Ano do Nascimento Nosso Senhor Jesus Cristo setecentos e
setenta e sete
    Aos dezesseis dias do mes de setembro digo dezembro do
dito ano nesta cidade do Rio de Janeiro em casa da câmera [...]
Sendo [...] para parte Francisco Alves preto escravo me foi apresentada uma petição com os documentos que adiante se segue
que tudo aceitei [...] de que fiz este termo [...] Estevao José
da Silva Coimbra [assinatura] da Câmera Eclesiástica escrevi
    P. P. [...] 19 de dezembro de 1777

2   Diz Francisco Alves que para haver de casar com Rita Sebastiana, liberta, ambos pretos do gentio de Guiné tem seus
banhos prontos e juntos e requer que autuados com os mais
preparativos se façam a Vossa Senhoria conclusos para serem
sentenciados e se lhe passe provisão para se receber com a
suplicante da forma que de costume.
    Para que Vossa Senhoria seja servido mandar na forma
referida

Espero receber mercê

1777 rubrica Coimbra

Em 30 de novembro

Em 7 de dezembro

Em 8 9.°9.°

Como favor de Deus querem casar Francisco Alves de nação Mina batizado na Freguesia do Corpo Santo na cidade da Bahia com Rita Sebastiana de nação Mina batizada na freguesia da Candelária desta cidade, liberta, ambos fregueses da Candelária adonde satisfizeram o preceito da Quaresma este presente ano digo o contraente é batizado em São Tomé com as três anunciações supra sem impedimento algum e ambos os contraentes satisfizeram o preceito da Quaresma deste ano nesta freguesia o que tudo assino *in verbo parochia*. Rio, 9 de dezembro de 1777.

Manoel Luiz França

Coadjutor da Candelária

Reconheço

Coimbra

[trecho excluído]

[...] mil setecentos e setenta e sete anos nesta cidade do Rio de Janeiro em [...]

Desembargador juiz dos casamentos sendo [...] da Câmara Eclesiástica [...] tomarem os depoimentos a Francisco Alves, preto escravo e a Rita Sebastiana preta forra de que fiz este termo. Estevão José da Silva Coimbra ajudante da Câmara Eclesiástica a escrevi e logo apareceu presente Francisco Alves preto escravo de Feliciano Teixeira Alves morador nesta cidade à rua do Rosário depoente [...] R. [ministro] de [...] o juramento dos Santos Evangelhos em que pôs sua mão direita e prometeu dizer a verdade sob cargo do que disse que ele é o mesmo conteúdo em que petição que é natural da Costa da Mina batizado na Freguesia de São Tomé, donde foi para Bahia adonde assistiu na Freguesia do Corpo Santo, e que tendo a idade de onze anos pouco mais ou menos foi remetido para esta cidade onde o comprara o dito seu senhor Feliciano Teixeira em cujo poder e sujeição se tem conservado até o presente e que não [...] em outra parte e que é solteiro livre e desimpedido por quanto não fizera [...] promessas de casamento a pessoa alguma mais do que a Rita Sebastiana preta forra com a qual disse querer casar de sua livre vontade e sem constrangimento de pessoa alguma [...] com ela não tem parentesco, compadrio nem outro algum impedimento canônico e que não fizera voto de castidade nem de não casar

12v   [...]

[...]

[...]

[...]

[assinatura do padre — ilegível]

Francisco Alves de Souza

E logo presente Rita Sebastiana preta forra moradora na rua Nova do Ouvidor [...] a quem o [M. R. Mins] de [...] o juramento dos santos evangelhos em que pôs sua mão direita e prometeu dizer a verdade sob [cargo] do qual disse que ela é a mesma conteúda em sua petição que é natural da Costa da Mina de onde veio para esta cidade onde fora batizada na Freguesia da Candelária sendo escrava do ajudante Manoel de Souza de Andrade que por morte deste fora ela depoente liberta em praça e que sempre assistira nesta cidade sem dela sair a parte alguma e que é solteira, livre e desimpedida porquanto não fizera [...] promessas de casamento a pessoa alguma mais do que a Francisco Alves, preto escravo com o qual disse quer casar de sua livre vontade sem constrangimento de pessoa alguma e que com ele não tem parentesco compadrio nem outro algum impedimento canônico e que não fizera voto de castidade nem de não casar e que terá idade de quarenta e um ou quarenta e dois anos [...]

[MR minst] [...] José de Coimbra [...]

[...]

[assinatura do padre — ilegível]

Compromisso da Confraria de Nossa Senhora dos Remédios, da Capela de Santa Efigênia, Rio de Janeiro (1788)[4]

5   Haja vista procurador da [Fazenda] Lisboa 20 de outubro de 1788

[três rubricas]

Sinhora

Não pode haver dúvida em se confirmar este compromisso porque vejo nele cousa alguma contra as leis de Sua Majestade nem contra a obra razão e justiça

Haja vista procurador da Coroa. Lisboa 29 de outubro de 1788

[quatro rubricas]

A Vossa Majestade representam os pretos da cidade do Rio de Janeiro de nação Mina que os suplicantes há anos a esta parte se têm dado mutuamente as mãos para formarem como formaram uma corporação, que redunda em serviço de Deus e bem das suas Almas, e isto a fim de assistirem nas intimidades aos seus irmãos nacionais, que se acham em necessidades extremas com botica, enfermeiro, comida, e até mortalha, se Deus os leva para-se tudo por meio de esmolas que os suplicantes tiram entre os pretos da sua respectiva nação, e não só para o que acabam de referir, mas também para distribuírem sufrágios de missas pela Alma dos mesmos irmãos, com cuja providência têm os suplicantes atalhado em parte à impiedade, com que alguns pretos Mina, sendo desamparados já de seus senhores e vendo-se reduzidos na velhice a mendigar de porta em porta [...] no campo, exposto à injúria do tempo, o cadáver [5v] a que os suplicantes procuram dar sepultura com toda a pressa. E porque esta Corporação se achava [...] por se não terem [prescrevido] legitimamente todas as providências, que a pudessem fazer subsistir; agora que a obra do universal do mundo é papel aberto, onde se leem tantas divinas virtudes, com que Vossa Majestade resplandece por todo o orbe que totalmente se não pode discernir augusta, e soberana senhora, se porventura mais forte, ou constantes, ou [pio sábio], ou justo é o reinado de Vossa Majestade os suplicantes se determinaram formar o seu plano de compromisso da Confraria de Nossa Senhora do Remédio, que se acha colocada na capela de Santa Efigênia, que os suplicantes fizeram, ou seus maiores, cujo compromisso [6] contém 24 capítulos. E prostrados aos reais pés de Vossa Majestade se digne pela sua real clemência haver por bem aprovar aos suplicantes o seu compromisso e ficam rogando a Deus os deixe gostar por muitos anos a doçura de tão amável governo

Espero receber mercê

1.º

Com quanta maior força, e astúcia o inimigo do gênero humano pelos seus domínios acomete a fortaleza de religião, sabendo que pouco tempo lhe resta para exercitar o seu fervor

6v   **2.º**

tanto maior cuidado, e circunspecção se deve meditar em escolher aquele plano de vida que mais se ajusta às máximas do Evangelho, e que por consequência seja em si mesmo capaz de edificar o próximo, e constituir o exposto na tranquilidade, que gostam todos aqueles, que procuram com desvelo observar as Leis de Deus, e do Príncipe seu Soberano; principalmente sendo certo que os sábios de todos os tempos, claros nas ciências divinas, e humanas, convém de boa vontade que todas as vezes, que os membros da sociedade se apartam daquela estrada real, não só se acabam o bom regime da República, mas tudo se perverte, e destrói. [...] Animados, pois, os pretos de nação Mina de um mesmo espírito de piedação compreenderam em corporar-se em uma confraria denominada de Nossa Senhora dos Remédios de que se seguem os Estatutos, e isto para que dedicados aos cultos da mesma Senhora em toda a carreira da vida possam finalmente por sua interseção merecer a eterna felicidade.

      3

7   A Confraria se comporá de um regente, uma regente, procurador, tesoureiro, e o secretário, os quais hão de servir anualmente, feita a eleição e mais votos na forma do costume das mais irmandades.

Mas visto que na pessoa de Francisco Alves de Souza atual regente, por ser muito hábil, de bons costumes, e muito zelador do serviço de Deus conservando os requisitos necessários para bem servir o referido emprego a Congregação pretende que o mesmo se conserve em regente perpetuamente, exceto, se, no seu ofício constar comete erro intolerável, porque em tal caso a mesa atual, que se achar servindo, e se deve compor além dos oficiais referidos, de quatro irmãos pela mesma forma eleitos, com aqueles, que serviram o ano passado, o poderá excluir; sendo eleito outro regente pela mesma mesa.

4

Toda a pessoa que quiser entrar para a Confraria dará de entrada seiscentos e quarenta de anual [...] [...], e apresentando-se ao irmão procurador ele o aceitará, e fará assinar nos livros dos irmãos porém se o novo irmão notoriamente constar que é preto de péssimos costumes, vicioso, infame, ou que usa de feitiçarias, e superstições, de nenhuma sorte o aceitará o procurador, ficando [...] ao excluído de se queixar à mesa, a qual informando-se também de sua conduta, ou o excluirá, ou o aprovará, conforme o que lhe constar pela informação tomada.

5

É indispensável haver um andador, que será assalariado pela Confraria para avisar à mesma ao som de campainha, discorrendo por toda a cidade do falecimento de algum irmão ou preto Mina, posto que não seja irmão, que falecer, sem pessoa que lhe possa mandar fazer sufrágios, e cada um dos irmãos a quem constar o referido fará avisar o andador, que igualmente avisará o procurador da irmandade, para ministrar a mortalha ao defunto constando-lhe que não tem, e em consequência daquele aviso, a Confraria se porá pronta à hora certa e determinada para acompanhamento em que devem proceder com toda a modéstia e gravidade.

6

Haverá um sacristão também assalariado, que assista perto da capela para abrir as portas, ajudar às missas, tocar os sinos às ave-marias e quando morrer algum irmão para os sinais do costume. A Confraria lhe assistirá com o vinho necessário para as missas e com farinha, se ele houver de fazer as hóstias para o que se comprará um ferro de excelente marca.

7

A penas se conduzir qualquer irmão à sepultura, o regente, e mais oficiais de mesa nomearão dois irmãos de Compromisso para tirar esmolas para sufrágios de missas, pela Alma do mesmo irmão e os nomeados sairão a pedir pelos pretos de nação Mina para o respectivo fim, e do que tirarem o hão de entregar ao tesoureiro se fará carga no livro, que para isto deve haver, mas como é grande a despesa, que em cera se faz, e para a manter, é justo, que nem toda a esmola se distribua em missa, e cuja esmola se não pode limitar a quantia certa, porque umas vezes se tirava mais, outras menos; por isso nunca os [...] das missas, que se disserem por cada defunto irmão deverá exceder o cômputo de dez, e o acréscimo da esmola será recolhido ao cofre para as mais aplicações, que sairão no progresso.

8

Todas as missas, de que trata este compromisso, serão ditas na capela de Santa Efigênia, e de esmola de trezentos e vinte sem que por forma alguma se admita, o darem-se capela ou trintários de missas para se dizerem fora pelas desordens que se tem visto de deixarem os reverendos sacerdotes [...] tantas mil de restituição à hora da sua morte, se bem que preenche tão retamente o reverendo clero desta cidade os seus deveres, que apenas haverá entre eles, exemplo semelhante.

9

Como não há hospital próprio, a que se possam recolher os irmãos enfermos pobres, e a cada passo se encontram alguns em extrema necessidade sem terem, nem alimento, de que vivam como pessoa, que lhes [evitam], outros desamparados pelos senhores além de viverem uma vida cheia de aflição, não têm domicílio certo, aonde se arrecolham para curar as enfermidades, de que vêm a morrer ao desamparo.

Por isso em constando que se acha algum preto Mina, posto que não irmão, do compromisso, nas referidas circunstâncias, logo o procurador fará aviso ao andador, para convocar os mesários, a fim de que em mesa se deliberem a casa para onde se há de ir curar o enfermo, o enfermeiro, que lhe há de assistir e ultimamente a fim de se regularem as despesas para isto mesmo que devem sair do cofre, havendo nele dinheiro suficiente, aliás, a mesa nomeará um irmão, que bem lhe parecer, que peça pelos irmãos, e do que tirar dará conta ao procurador para o escrivão fazer carga no livro respectivo, com a cláusula porém, que tudo, o que exceder à quantia de vinte mil-réis se recolherá ao cofre, pondo-se cota no livro das esmolas, e dando entrada no do cofre.

10v   10

A festa de Nossa Senhora dos Remédios, protetora da Confraria se reservará para o Espírito Santo, e para isto se hão de pedir esmolas na forma dita, e no domingo imediato se procederá à eleição dos oficiais da mesa e dos quatro mesários, que será publicada a estação [...], e dentro de quinze dias tomará nova mesa conta com entrega dos livros, móveis, alfaias da irmandade e do cofre, fazendo-se inventário daquilo, que se entregar.

11

Porque pode acontecer que a diuturnidade do tempo haja de pôr a Confraria na necessidade de inovar alguma cousa destes Estatutos, o que se não pode prevenir antecipadamente, em tal caso se convocará mesa geral, que se comporá dos atuais mesários e dos que tiverem servido, e se fizerem mais respeitáveis pelos seus bons costumes, e aquilo, que se vencer a mais votos se assentará no livro por termo, em consequência se pedirá a confirmação a Sua Majestade de tudo, o que se quiser inovar, e for útil.

s/n

12

Haverá um cofre com três chaves, terá a regente uma, o secretário outra, e o procurador outra, mas nunca o cofre se abrirá para cousa alguma, sem estarem presentes todos três pelos inconvenientes, que do contrário se podem seguir.

12v

13

Mas porque atualmente esta [...] [...] de tesoureira das esmolas uma [mulher], que o fora do regente passado, hoje falecido, por se ter valido da posse do cofre recorrendo à Justiça para ser conservada naquela mesma posse, como se a administração de semelhantes bens fosse compatível com aquele sexo, ou como, se esta pudera passar por morte do marido à mulher, como herança. Por evitar semelhante abuso, em

11 consequência da Graça Régia suplicada será tirado o cofre do poder da depositária onde se acha para casa do regente atual, ou de outro irmão de mesa que tenha bens suficientes, dando-se balanço ao cofre, para refazer a [...] carga do alcance, e se proceder contra ela passados os quinze dias, depois de avisada para pagar, [...], judicial, e consecutivamente muito mais, porque sendo depositária, e havendo no cofre uma só chave há suspeita de ter alcance.

14

Como a presente irmandade se dedique por seu principal instituto ao exercitar atos de caridade [...] para esperar, que nos acompanhamentos dos irmãos, que morrem não faltasse algum

11v a tão piedoso ato, por não ser decente, que espere cada qual que a Confraria o conduza à sepultura, e que tenha em pouco acompanhar em sua vida os irmãos defuntos, que Deus chama para si, faltando pois algum, sem que mostre escusa legítima, será multado em 120 réis para as despesas da irmandade.

15

Haverá na irmandade três livros rubricados competentemente, dos quais, um servirá para o assento das esmolas, que se hão de tirar pelos irmãos, outro para os termos necessários, como dos oficiais, que hão de servir, algumas providências [vossas] o outro para a entrada, e saída do cofre, que estará no mesmo cofre.

16

Como se limita os [...] das missas ao de dez por se não poder fazer juízo certo, do que contribuíram os irmãos devotos de cada vez que se pedirem as esmolas dos sufrágios, e sempre que houver acréscimo se há de recolher ao cofre; por isso se deve dar balanço ao cofre no fim de cada semestre, e achando-se, que excede o capital muito mais do dobrado em parte de três capelas de missas, se mandarão estas dizer, sem perdas de tempo para cujas missas, que devem ser ditas pelos irmãos vivos, e defuntos na capela de Santa Efigênia, haverá na sacristia uma pauta, aonde assine cada um dos reverendos sacerdotes, cada vez que celebrarem pelas referidas [...] o que se estabelece especialmente, em razão das [contas] do procurador.

17

É muito conforme à razão que os irmãos desta confraria tenham uma vida exemplar; que sejam humildes em Nosso Senhor Jesus Cristo, por isso mesmo que só assim se pode conseguir a harmonia, e paz, que deve haver em semelhantes corporações, mas se houver algum irmão costumado a suscitar desordens entre os mais confrades, e que pela sua inflexibilidade de gênio, se não possa esperar emenda, será riscado para nunca mais ser admitido, porém só poderá ser, presentes os oficiais atuais, e os do ano passado, e concordando a mor parte.

18

13 Se falecer algum irmão sem bens que é o caso em que os páro-
cos são remissos muitas vezes em encomendar os defuntos,
ou algum preto Mina, mendigo, dos que andam de porta
em porta, em que se não acharem bens ao tempo do seu
falecimento, a Confraria avisará o pároco respectivo para
o vir encomendar, e duvidando, ou pretendendo dela haver
os emolumentos da encomendação, que o pároco deve fazer
gratuita, o capelão encomendará o corpo, que será conduzido à sepultura pela irmandade com assistência do mesmo
capelão em recompensa de cuja [...] além do seu salário, será
preferido a todos os mais sacerdotes, enquanto a irmandade
tiver missas, contanto que as diga na capela, assinando-se na
pauta cada dia, e que se lhe não [reservando] mais do que as
que se entenderem [...] de deixar.

13v ### 19

Daqui se segue a necessidade que a mesa tem de eleger capelão
bem instruído, e de bons costumes, que lhe diga missa todos
os domingos e dias santos, o qual pela razão mesmo de ser um
dos mais preciosos ornamentos da Confraria terá obrigação
de acompanhar, quando por força, se seu instituto houver de
sair fora, e todas as vezes que a irmandade se der por malser-
vida com ele, se convocará mesa geral com o método, que se
propôs a outro semelhante respeito, e como causa justa será

expulso, e imediatamente eleito outro, em quem concorrerem os requisitos necessários.

20

s/n

Como tem introduzido o costume pela Festa do Rosário, vestirem-se várias nações de pretos, com o seu chefe particular, para que unidos todos contribuam aos louvores da mesma Senhora com danças, ou folias, à maneira dos etíopes, sem que contudo se executem gestos indecentes, ou obscenos. O regente na forma do costume determinará a dança vestindo-se cada qual à sua custa, e no dia preciso da festa irão, [...], incorporar-se com os seus compatriotas, assistindo, assim como os mais, aos atos que costumam, sem motim, ou perturbação.

21

s/n v

Por evitar o descaminho que levam nas confrarias as opas, por mais que os tesoureiros as ponham a bom recado, porque ou esquecendo em casa dos irmãos, que as levam, ou descuidando-se estes das mesmas, como de cousa com [...] elas se perdem [em sensivelmente] para se evitar este prejuízo, cada irmão será obrigado a ter sua opa branca, de tafetá, [durante] ou baeta para aparecer com ela nos atos da Confraria, e acabada a função a guardarão em sua casa, bem entendido, que na capela se não guardarão mais, do que as opas dos mesários atuais.

22

Ainda se avança mais a pia intenção dos confrades desta irmandade, a quem parece dever esperar para o bom êxito dos pleitos assertóricos de liberdade, que muitos pretos Mina se veem precisados a manter, porque umas vezes os testamenteiros os não admitem, não obstante constar dos testamentos que a verba respectiva lhe sirva de Carta de Liberdade, outras lha não conferem na forma dos mesmos testamentos ao que acresce terem-se resolvido os senhores muitas vezes a vender escravos para sua liberdade, o que não fariam para outro fim, e contudo os compradores repugnam emprestar a manumissão, além de outras violências em que é preciso recorrer cada dia ao asilo das leis, da Justiça, nesta conformidade se determina o seguinte.

23

Todas as vezes que constar à mesa que algum preto Mina é injustamente detido, ou penhorado, e este mesmo buscar a proteção da confraria, os oficiais, e mesários terão obrigação de se aconselhar pelo procurador com dois advogados de boa nota, consultando-os na espécie que ocorrer e conformando-se ambos em que o servo, de que se trata não tem justa no que propõem a irmandade lhe não concorrerá com assistência alguma, e sendo *vice-versa* ou constando que tem justiça então se fará mesa para determinação das esmolas, ou quota parte, com que se lhe deve assistir do cofre para ajuda de custo de mesma causa.

24

A Irmandade da Misericórdia desta cidade tem arrogado o privilégio, que não tem para lei alguma ou graça régia, de multar todas as mais confrarias em quatro mil-réis, cada vez que elas saem por consequência dos seus mesmos estatutos a exercitar qualquer ato, ou seja de procissão, ou de enterro. Quando o impor gravames pecuniários, é um direito inerente à pessoa dos príncipes soberanos, e por isso em virtude da aprovação régia dos presentes estatutos pretende a Confraria ficar isenta de contribuir à da Misericórdia multa alguma por exercitar todas e quaisquer funções prescritas neste compromisso.

sinal de Rita + Sebastiana de Souza = Francisco Alves de Souza
Regenta   Regente
João Luiz de Figueiredo Gonçalo Cordeiro
secretário
Antonio Costa Falcão Boaventura Fernandes Braga
Sinal de procurador de Alexandre + de Carvalho sinal de Marçal Soares
sinal de Luiz Roiz + de Silva tesoureiro
[...] do Espírito Santo o irmão João José Pinheiro
O irmão Euzébio Gomes [....]

Reconheço os sinais retro e [...] neles contendo Francisco Alves de Souza, Gonçalo Cordeiro e os mais assinados e também as firmas de [...] pelas confessarem na minha presença. Rio a 4 de junho de 1788

[sinal]

[....] Reverendo

[....] Santos Roiz [Andrade]

O doutor Joseph Gomes de Carvalho do desembargo de Sua Majestade seu desembargador, ouvidor-geral da cível, juiz das Justificações de Índia e Mina [...] Faço saber, que por fé do escrivão que esta subscreveu, lhe constou ser o sinal supra do tabelião Joseph dos Santos Rodrigues [...] o que hei por justificado. Rio de Janeiro a 4 de junho de 1788. Eu Manoel [...] da Costa Prates [...] [...]

[L. 8 m]   José Gomes de Carvalho

NOTAS

———

APRESENTAÇÃO (P. 7-10)

1 Para esclarecimentos sobre as normas arquivísticas de citação de documentos, ver: Arquivo Nacional (Brasil), *Dicionário brasileiro de terminologia arquivística*. Rio de Janeiro: Arquivo Nacional, 2005.

2 A transcrição não atualizada do manuscrito estará disponível no site da Chão Editora.

3 A língua maxi, assim como as línguas fon e aja, pertence à família Gbe da costa ocidental africana (Flavien Gbéto, *Le Maxi du Centre--Bénin et du Centre-Togo. Une approche autosegmantale et dialectologique d'un parler Gbe de la section Fon*. Colônia (Alemanha): Rüdiger Köppe Verlag, 1997.

———

MANUSCRITO MAKII (P. 13-107)

1 Cargo da hierarquia militar colonial. Gonçalo Cordeiro era alferes do Regimento dos Homens Pretos, conhecido como Regimento dos Henriques, em referência a Henrique Dias.

2 Deuteronômio, 6: 5: "*Diliges Dominum Deum tuum ex toto corde tuo, & ex tota anima tua*" ("Amarás o Senhor, teu Deus, com todo o teu coração, com toda a tua alma").

3 João, 15, 5: "*Sine me nihil potestis facere*" ("Sem mim nada podeis fazer").

4 Jó, 14, 2: "*Quasi flos egreditur et conteritur*" ("É como a flor que germina e logo fenece").

5 Jó, 7, 7: "*Ventus est vita mea*" ("Minha vida é vento").

6 Gênesis, 3, 9: "*Quia pulvis es et in pulverem reverteris*" ("És pó e pó te hás de tornar").

7 Oração referente à décima estação da Via Sacra, quando Jesus é crucificado.

8 Esta citação não foi localizada. As epístolas aos tessalonicenses são duas, e nenhuma delas tem capítulo 6.

9 No manuscrito, *arsipela*. Essa grafia, assim como a de outras palavras (como *progunta* no lugar de *pergunta*, por exemplo), indica o modo de falar da época no Rio de Janeiro, mais próximo do falar português de Portugal que do falar do português do Brasil atual.

10 A questão do voto feminino é uma polêmica constante. Nas irmandades ditas "de brancos", as mulheres se vinculavam à irmandade por meio de seus pais e maridos, e, como dependentes, não votavam. Em decorrência da importante contribuição financeira que deram para a reforma, em 1748, no compromisso da Irmandade de Santo Elesbão e Santa Efigênia, as mulheres conseguiram formar uma mesa diretora feminina. Não fica claro no compromisso se a mesa feminina tinha voto nas decisões da irmandade ou apenas no que dizia respeito à gestão da presença feminina na irmandade. Ver Soares. *Devotos*, cap. 5.

11 Em português, "orai por nós".

12 Refere-se aqui à expressão "fulano dos anzóis carapuça", no caso, o próprio Francisco Alves de Souza.

13 Escrivães, tabeliães e meirinhos eram cargos menores na hierarquia da Justiça colonial. O meirinho das cadeias, cargo criado em 1751,

era encarregado de fazer cumprir as diligências e prender suspeitos. Na mesma ocasião foi criado também o cargo de escrivão do meirinho das cadeias, que o acompanhava no cumprimento de suas funções. Ambos atuavam no âmbito do Tribunal da Relação, a instância máxima da Justiça, sob autoridade do ouvidor. Graça Salgado (coord.). *Fiscais e meirinhos: a administração no Brasil colonial.* Rio de Janeiro: Nova Fronteira, 1985, p. 354.

14 Cargo da administração portuguesa provido pelo rei. No Rio de Janeiro, estava sob jurisdição do Senado da Câmara. Além de autoridade sobre crimes, o juiz de fora tinha alçada sobre bens móveis, de raiz e penas pecuniárias de baixo valor, o que era o caso das demandas envolvendos ex-escravos. Graça Salgado (coord.). *Fiscais e meirinhos: a administração no Brasil colonial*, op. cit., p. 359.

15 O meirinho possui uma vara (no formato de um cajado longo), simbolo de sua autoridade. Ir "debaixo de vara" significa ser conduzido à força.

16 Bichas eram lombrigas, sanguessugas, serpentes. A expressão "bicha de sete cabeças" é uma referência à Hidra de Lerna, ser mitológico com corpo de dragão e várias cabeças de serpente. Segundo algumas versões do mito, quando se cortava uma cabeça, cresciam duas em seu lugar.

17 Os termos que seguem correspondem ao uso da chamada língua geral da Mina, que resulta de uma mistura de línguas gbe (fon e maxi) e iorubá.

18 A mesma assinatura consta do compromisso da Confraria de Nossa Senhora do Remédio, encaminhado a Lisboa para confirmação junto à Mesa de Consciência e Ordens em 1788 (AHU-Lisboa/CU 1300).

19 "Pela graça de Deus."

20 A expressão latina *in solidum* é usada no direito civil para se referir às obrigações partilhadas por casais. No caso, o argumento é que a Congregação era uma organização informal e por isso seus bens, embora sob a guarda de Monte, não estavam juridicamente vinculados a ele e, portanto, não passariam por herança à viúva.

21 Apelar para a Relação significa apelar para o Tribunal da Relação, instância máxima da Justiça no Brasil da época, desde 1763 instalado na cidade do Rio de Janeiro.

22 A grafia no original é *banguelês*. Na época, era recorrente a troca do *e* pelo *a*. O mesmo ocorre com a palavra *erisipela* (arsipela). Os benguelas eram africanos traficados a partir do porto de Benguela, sul de Angola.

23 No manuscrito, *gavão*, com uso de letra ramista (b/v).

24 O ditado "Debaixo de uma capa ruim se acha um bom bebedor" vem do francês: "On trouve souvent sous un mauvais manteau un grand homme d'esprit et de sagesse". As duas versões se acham no verbete *capa* de um dicionário francês-português de 1794 (Joaquim José da Costa e Sá, *Diccionario portuguez frances e latino novamente compilado que à augustissima senhora d. Carlota Joaquina, princesa do Brasil*. Lisboa: Oficina de Simão Thaddeo Ferreira, 1794, p. 275).

25 No manuscrito, Cahará — Sahara ou, na grafia portuguesa moderna, Saara. João de Barros, autor da primeira história da África a circular no Império português, escreve Çahará (João de Barros. *Da Ásia. Década primeira* (1552). Lisboa: Jorge Rodrigues, 1628, p. 146).

26 No manuscrito aparece *Guincula*, uma variação de Guiné, de origem não identificada.

27 No manuscrito consta Gennâ (Jenné, Jenne ou Djenné), atual capital do Mali e um antigo centro comercial situado no vale do rio Níger.

28 A partir deste ponto encontrei vários trechos do diálogo que copiam mais ou menos fielmente o texto de Pedro Mariz em sua obra *Diálogos de varia historia*. Essa obra tem duas edições, a primeira de 1594, pelo próprio autor na tipografia do pai; e a segunda, ampliada, de 1749. Não pude identificar qual das edições foi consultada por Souza. A extensão dos trechos copiados indica que teve acesso direto ao livro (Pedro de Mariz, *Diálogos de varia historia em que summariamente se referem mytas cousas antiguas de Hespanha c* [sic] *todas as mais novaues q[eu] em Portugal acontecerão em suas gloriosas conquistas antes e depois de ser levantado a Dignidade Real, e outras muytas de outros reynos dignas de memoria: com os retratos de todos os Reys de Portugal*. Coimbra: Officina de Antonio de Mariz, 1594).

29 Trecho copiado da obra de Pedro Mariz. No manuscrito, *sobido*, erro tipográfico reproduzido por Souza (seria *solido*, ou *sólido*) (Pedro de Mariz, op. cit., cap. VIII, cópia com paginação a mão, p. 196*v*).

30 O infante faleceu em 1460 e os exploradores só chegaram à altura da costa, depois chamada Costa da Mina, em 1470, como o próprio Souza explica adiante.

31 Atual Butre, em Gana.

32 Hoje a cidade de Takoradi, em Gana.

33 A rosa dos ventos é formada pelos quatro pontos cardeais (norte, sul, leste, oeste) e seus intermediários. Entre eles o lés-sudeste, um dos pontos subcolaterais.

34 Construído numa ponta de terra e pedras que avança sobre o mar, o Castelo da Mina chamava a atenção por seu tamanho e por suas paredes externas caiadas. A grande construção branca podia ser vista de muitas léguas, servindo de orientação aos navegadores que se aproximavam da costa.

35 Hoje Acra, capital de Gana.

36 A Costa da Mina tem dois portos com este nome: Popô Grande (hoje Grand-Popo, no Benim) e Popô Pequeno. Não foi possível encontrar o significado da palavra.

37 Porto de Jaquem (Jaquin, Jakin), hoje cidade de Godomey, no Benim. O porto de Jaquem, muito frequentado pelos holandeses, foi destruído pelos daomeanos em 1734. A referência ao porto pode indicar ser a descrição anterior a essa data, já que nunca mais voltou a ter a importância de antes.

38 O nome Dallicá, ou algo próximo a isso, não consta da lista dos soberanos do reino do Benim no século XVIII.

39 Argolas de metal no formato de pulseiras usadas como enfeite e como moeda de troca por seu peso, geralmente em cobre ou alguma liga com base nesse metal.

40 Em iorubá ọmọ (com um ponto embaixo de cada *o*, lê-se *omon*) significa "filho". O 16 é um número sagrado entre os povos de língua iorubá. Ver Bernard Maupoil, *A adivinhação na antiga Costa dos Escravos* (1943). São Paulo: Edusp, 2017.

41 Neste ponto, a explicação está truncada. O reino de Ardra foi invadido pelos daomeanos em 1723; já o porto que os portugueses chamavam de Ajudá pertencia ao reino de Hueda e foi igualmente tomado pelos daomeanos em 1727. De todo modo o texto remete sua descrição à década de 1720, indicando que a descrição da costa teria possivelmente sido anotada por um piloto que por ali esteve nessa década.

42 Data consagrada à Batalha de Alcácer-Quibir, no Marrocos, onde morreu o rei dom Sebastião, pondo fim à dinastia de Avis em Portugal e abrindo espaço para que os espanhóis submetessem Portugal à Casa dos Habsburgo. Os reis espanhóis, chamados três Filipes, governaram

Portugal até a restauração e sagração da dinastia de Bragança, em 1640, com o rei dom João IV.

43 O trecho a seguir lista as expedições exploratórias holandesas, com nomes e datas. Entre os mais conhecidos exploradores citados estão: Olivier van Noort (1558-1627), explorador e autor de várias obras que descrevem suas viagens; Jacon (Jacques) Mahu (1564-98), nascido na França, que se tornou rico mercador na Holanda, onde liderou uma expedição ao Pacífico, na costa africana; e Pieter van der Does (1562-99), almirante holandês que em 1599 liderou uma frota armada contra espanhois e portugueses na Costa da Mina.

44 Estreito localizado no Mar do Norte, separa a ilha de Zembla da Rússia.

POSFÁCIO (P. 111-61)

1 Sobre os africanos Mina na cidade do Rio de Janeiro no século XVIII, ver: Mariza de Carvalho Soares, *Devotos da cor: identidade étnica, religiosidade e escravidão no Rio de Janeiro, século XVIII*. Rio de Janeiro: Civilização Brasileira, 2000; Manolo Florentino, "Alforrias e etnicidade no Rio de Janeiro oitocentista: notas de pesquisa". *Topoi*, 5, 2002, p. 9-40; e Sheila de Castro Faria, *Sinhás pretas, damas mercadoras. As pretas minas nas cidades do Rio de Janeiro e de São João del-Rei (1700--1850)*. Tese (Professor titular em história) — Universidade Federal Fluminense, 2004 (manuscrito inédito). Para uma história dos africanos Mina na cidade do Rio de Janeiro, ver: Juliana Barreto Farias e Mariza de Carvalho Soares, "De Gbe a Yoruba. Os pretos minas no Rio de Janeiro, século XVIII ao XX". *Revista África(s)*, v. 4, n. 8, jul.-dez. 2017, p. 46-62.

2 Biblioteca Nacional do Rio de Janeiro (BN-RJ). "Regra ou estatutos", fl. 14. Esta referência e as que seguem indicam a numeração das folhas dos manuscritos.

3 A população total da cidade era de 38 700 habitantes. (Dom) Luís de Vasconcelos e Sousa, "Memórias públicas e econômicas da cidade de São Sebastião do Rio de Janeiro para o uso do vice-rei Luiz de Vasconcelos por observação curiosa dos anos de 1779 até o de 1789". *Revista do Instituto Histórico e Geográfico Brasileiro*, t. XLVII, parte 1, ano 1884, p. 27.

4 Trata-se da última irmandade a levar o título de Irmandade de Homens Pretos na cidade do Rio de Janeiro. A mais famosa irmandade, a de Nossa Senhora do Rosário, foi transformada em ordem terceira, as outras já não existem.

5 Outros pesquisadores estudaram a Irmandade de Santo Elesbão e Santa Efigênia: Vânia Penha Lopes, *À venerável Irmandade de Santo Elesbão e Santa Efigênia, ou uma tentativa de entendimento da questão étnica no Brasil*. Monografia (Graduação em ciências sociais) — Niterói: Universidade Federal Fluminense, 1981; e Anderson José Machado de Oliveira, *Devoção e caridade. Irmandades religiosas no Rio de Janeiro imperial (1840-1889)*. Dissertação (Mestrado em história) — Niterói: Universidade Federal Fluminense, 1995. João Reis escreveu artigo sobre o Estatuto da Congregação Makii a partir de uma cópia desse estatuto existente no Arquivo Nacional: João José Reis, "Identidade e diversidade étnica nas irmandades negras no tempo da escravidão". *Tempo*, v. 2, n.º 3. Rio de Janeiro: Relume-Dumará, 1997, p. 7-33. Duas pesquisadoras usaram o manuscrito da Biblioteca Nacional: Antônia Aparecida Quintão, *Lá vem meu parente: as irmandades de pretos e pardos no Rio de Janeiro e em Pernambuco (século XVIII)*. São Paulo: Annablume, 2002; e Elizabeth W. Kiddy. "Kings, Queens, and Judges: Hierarchy in Lay Religious Brotherhoods of Blacks, 1750-

-1830". In: José C. Curto e Renée Soulodre-La France (ed.) *Africa and the Americas. Interconnections during the Slave Trade*. Trenton: Africa World Press, 2005, p. 111-16. O Manuscrito deu origem à minha tese de doutorado, defendida em 1998 e publicada no Brasil (*Devotos da cor: identidade étnica, religiosidade e escravidão no Rio de Janeiro, século XVIII*. Rio de Janeiro: Civilização Brasileira, 2000) e posteriormente nos Estados Unidos (*People of Faith. Slavery and African Catholics in Eighteenth-Century Rio de Janeiro*. Durham; Londres: Duke University Press, 2011). De lá para cá tenho publicado artigos e capítulos de livros que analisam aspectos específicos do documento, como mostra a bibliografia.

6   Patricia Ann Mulvey, *The Black Lay Brotherhoods of Colonial Brazil: a History*. Tese (Doutorado em história) — Nova York: City University of New York, 1976 (cópia: Ann Arbor, Michigan: University Microfilms, 48 108), p. 292; Humberto José da Fonseca, *Vida e morte na Bahia colonial. Sociabilidades festivas e rituais fúnebres (1640-1760)*. Tese (Doutorado em história) — Belo Horizonte: Universidade Federal de Minas Gerais, 2006, p. 114.

7   Arquivo da Cúria Metropolitana do Rio de Janeiro (ACMRJ). "Habilitação matrimonial de Francisco Alves de Souza e Rita Sebastiana de Souza" (1777), cx. 3 084, doc. 75 190.

8   Encontrei referência a um capitão Feliciano Teixeira no banco de dados The Transatlantic Slave Trade Database, viagem 47 230 (1728). Seu nome é mencionado em duas outras viagens transatlânticas, em que não há referência ao comércio de escravos. A primeira em 1733, em: Paulo Cavalcante de Oliveira Junior, *Negócios de trapaça: caminhos e descaminhos na América portuguesa (1700-1750)*. Tese (Doutorado) — Universidade de São Paulo, 2002 (p. 95); a segunda em 1739, em documento do Arquivo Histórico Ultramarino (AHU-Lisboa). Rio de Janeiro, cx. 36, doc. 12.

9 Segundo Manolo Florentino, a taxa de alforria paga pelos escravos da Costa da Mina era muito superior à dos demais africanos. "Alforrias e etnicidade no Rio de Janeiro oitocentista: notas de pesquisa", *Topoi*, 5, 2002.

10 ACMRJ, "Habilitação matrimonial de Francisco Alves de Souza e Rita Sebastiana de Souza" (1777), cx. 3 084, doc. 75 190. O Livro de Casamentos da Freguesia da Candelária, 1761-82, em que deve estar registrado o casamento de Souza e Rita Sebastiana, está muito danificado e por isso fora de consulta.

11 O nome de Feliciano Álvares aparece em uma lista de comerciantes da praça do Rio de Janeiro feita pelo juiz de fora Antônio de Matos e Silva em 1759. Nela consta que, na ocasião, Feliciano tinha 53 anos. Isabele Mello, *Magistrados a serviço do rei: a administração da Justiça e os ouvidores-gerais na comarca do Rio de Janeiro (1710-1790)*. Tese (Doutorado) — Universidade Federal Fluminense, 2013 (anexo XVII, p. 346).

12 Feliciano Teixeira está registrado na Ordem Terceira de São Francisco da cidade do Rio de Janeiro como capitão Feliciano Teixeira Álvares. Desde 1779 ocupa o 122.º lugar na lista dos Irmãos Ministros no quadro da Ordem. Na segunda metade do século XVIII, a Ordem era proprietária de um dos nove grandes armazéns da cidade. Sobre o armazém: Corsino Medeiros dos Santos, *O Rio de Janeiro e a conjuntura atlântica*. Rio de Janeiro: Expressão e Cultura, 1993, p. 72.

13 Sobre as mortalhas, ver: João José Reis, *A morte é uma festa*. São Paulo: Companhia das Letras, 1991, p. 116-18. Dos 63 testamentos de pretos Mina que transcrevi no ACMRJ (datados de 1747 a 1809), em 26 os autores pediam para ser enterrados com o hábito de são Francisco, entre eles Ignacio Monte, o rei Makii falecido em 1783.

14 Luiz Carlos Villalta, "O que se fala e o que se lê: língua, instrução e leitura". In: Fernando A. Novaes (dir.). *História da vida privada*

no Brasil 1. Cotidiano e vida privada na América portuguesa. São Paulo: Companhia das Letras, 1997, p. 351.

15 Infelizmente restam poucos registros dessas academias. A Academia Científica foi criada em 1772, depois de duas iniciativas anteriores: a Academia dos Felizes, em 1736; e, em 1751, a Academia dos Seletos. Sobre a Ilustração, ver o clássico artigo: Maria Odila Leite da Silva, "Aspectos da Ilustração no Brasil". *Revista do Instituto Histórico e Geográfico Brasileiro*, v. 278, p. 105-70, jan.-mar. 1968; e Afonso Carlos Marques dos Santos, *No rascunho da nação: inconfidência no Rio de Janeiro*. Rio de Janeiro: Prefeitura do Rio de Janeiro, 1992.

16 Quanto ao restante da população, supõe-se que uma parcela significativa dos moradores sabia assinar o nome. Entre 1755 e 1805, 5 960 registros de cartório mostram que 92,8% dos homens e 71% das mulheres assinaram seus nomes, aí incluídos 167 pretos, pardos e cabras (qualificação de mestiços); entre esses últimos, 58,8% dos homens e 10% das mulheres assinaram seus nomes. Nireu Cavalcanti, *A cidade de São Sebastião do Rio de Janeiro: as muralhas, sua gente, os construtores (1710-1810)*. Tese (Doutorado em história) — Rio de Janeiro: Universidade Federal do Rio de Janeiro, 1997, p. 244.

17 Nireu Cavalcanti, op. cit., p. 225-41.

18 Luiz Carlos Villalta, "O que se fala e o que se lê", op. cit., p. 371.

19 Arquivo Histórico Ultramarino (AHU-Lisboa). "Compromisso da devoção de Nossa Senhora dos Remédios. Capela de Santa Efigênia no Rio de Janeiro", cód. 1 300.

20 Mariza de Carvalho Soares, "A conversão dos escravos africanos e a questão do gentilismo nas *Constituições Primeiras da Bahia*". In: Bruno Feitler e Evergton Sales Souza, *A Igreja no Brasil: normas e práticas durante a vigência das Constituições Primeiras do Arcebispado da Bahia*. São Paulo: Unifesp, 2011, p. 303-21.

21 A capela, reformada e elevada a igreja de São Domingos, foi demolida para a abertura da avenida Presidente Vargas, em 1942.

22 Seu senhor e padrinho (um privilégio que poucos senhores concediam a seus escravos) era o doutor desembargador ouvidor-geral Manoel da Costa Mimoso, a principal autoridade colonial residente na cidade. Arquivo da Cúria Metropolitana do Rio de Janeiro (ACMRJ), *Livro de Batismo de escravos da Freguesia da Sé da cidade do Rio de Janeiro, 1726-1733*, fl. 38. Africanos identificados como "dagomés" (do Daomé) devem ter sido escravizados na década de 1720, em decorrência das constantes guerras promovidas pelo Daomé. Para detalhes sobre essas guerras, ver Robin Law, *The Slave Coast of West Africa*. Oxford: Oxford University Press, 1997.

23 Biblioteca Nacional, Rio de Janeiro (BN-RJ), "Regra ou estatutos", fl. 22. Sobre as reformas do compromisso da irmandade, ver: Mariza de Carvalho Soares, *Devotos da cor*, op. cit., capítulo 5.

24 BN-RJ, "Regra ou estatutos", fl. 35. Sobre os cortejos "sem serem por toque de tambores, como dantes se usavam", BN-RJ, "Regra ou estatutos", fl. 22. Ver exemplos de folias na obra de três artistas: 1. "Rei e rainha negros da festa de reis", aquarelas de Carlos Julião (*Riscos iluminados de figurinhos de brancos e negros dos uzos do Rio de Janeiro e Serro do Frio*. Introdução histórica e catálogo descritivo por Lygia da Fonseca Fernandes Cunha. Rio de Janeiro: Biblioteca Nacional, 1960, prancha XXXVIII); 2. "Coleta para a manutenção da igreja do Rosário", de Jean-Baptiste Debret (*Viagem pitoresca e histórica ao Brasil*. Notas de Sergio Milliet. São Paulo: Livraria Martins, 1940, v. 3, prancha 30b); 3. "Fête de Ste. Rosalie, patrone des nègres", de Johann Moritz Rugendas (*Viagem pitoresca através do Brasil*. Rio de Janeiro: Itatiaia, 1972).

25 Não existe estudo sobre a religiosidade Makii. Como alternativa, sugiro uma obra sobre o vodum na costa dos escravos na qual o autor

faz referência aos Makii: Nicolau Parés, *O rei, o pai e a morte: a religião vodum na antiga costa dos escravos na África ocidental*. São Paulo: Companhia das Letras, 2016.

26   Todos os escravos de José dos Santos Martins eram doentes ou apresentavam deformações. Esse perfil reforça a hipótese de que os barbeiros compravam escravos doentes a preços baixos para serem curados e depois renegociados. Esta seria uma possível fonte de enriquecimento para esses profissionais, justificando seu patrimônio. Arquivo Nacional, "Inventário de José dos Santos Martins", inv. n.º 7 129, cx. 628, Galeria A, Juízo dos Órfãos. Sobre barbeiros africanos no Rio de Janeiro, ver: Mariza de Carvalho Soares, "Art and the History of African Slave Folias in Brazil". In: Ana Lucia Araújo, Mariana P. Candido e Paul E. Lovejoy (ed.), *Crossing Memories. Slavery and African Diaspora*. Londres: Africa World Press, 2011, p. 209-35; Mariza de Carvalho Soares, "African barbeiros in Brazilian Slave Ports: A Case Study from Rio de Janeiro". In: Jorge Cañizares-Esguerra, Matt D. Childs e James Sidbury (ed.), *The Black Urban Atlantic in the Age of the Slave Trade*. Filadélfia: University of Pennsylvania Press, 2013, p. 207-30.

27   O trabalho mais extenso sobre os Makii é a tese de doutorado de Jessie Mulira, ainda inédita, que apresenta apenas um breve sumário sobre eles antes de 1770. O trabalho mais conhecido a mencionar os Makii é do historiador Akinjogbin, que notabiliza o grupo na condição de "vizinhos" do Daomé. Esse autor consagra ainda uma expressão corrente que descreve o território Makii como "campo de caça" dos daomeanos. O primeiro a registrar essa expressão foi Bergé, um administrador colonial francês. A obra mais relevante para uma visão geral da região é o livro de Robert Cornevin, também administrador colonial francês. Jessie G. Mulira, *A History of the Mahi Peoples from 1774-1920*. Tese (Doutorado em história) — University of California, 1984; I. A. Akinjogbin, *Dahomey and its Neighbours 1708-1818*. Cambridge:

Cambridge University Press, 1967; J. A. M. A. R. Bergé, *"Étude sur le pays Mahi"*. *Bulletin du Comité d'Études Historiques et Scientifiques de l'AOF* II, 1928; Robert Cornevin, *Histoire du Dahomey*. Paris: Éditions Berger-Levrault, 1962.

28 Archibald Dalzel. *The History of Dahomey an Inland Kingdom of Africa*. (1793). Introdução de J. D. Fage. London: Frank Cass & Co. Ltd. 1967.

29 BN-RJ, "Regra ou estatutos", fl. 22.

30 Não há registro na historiografia africana de um povo Coura na Costa da Mina. Trabalho com a hipótese de que os Coura venham da região ao norte do território Makii. A inclusão dos Coura (ou couranos) como integrantes da nação Mina indica que sua escravização seguiu caminhos próximos aos percorridos pelos Dagomé e Makii. Sabaru (hoje Savalu) é uma localidade no interior do território Makii. Sobre as rotas pelas quais os escravizados eram transportados desde o interior da costa da Mina até Minas Gerais, ver Mariza de Carvalho Soares, "Indícios para o traçado das rotas terrestres de escravos na baía do Benim, século XVIII". In: Mariza de Carvalho Soares (org.), *Rotas atlânticas da diáspora africana: entre a baía do Benim e o Rio de Janeiro*. Niterói: EduFF, 2007, p. 65-99.

31 Sobre seu senhor, sabe-se apenas que era Domingos Gonçalves, morador na rua do Sabão. ACMRJ, "Livro de batismos de escravos da freguesia da Candelária", 22 set. 1742, fl. 154v.

32 Batismo realizado na matriz de Nossa Senhora da Conceição de Vila Rica, em 1742. Transcrito em: Patrícia Porto de Oliveira, "Batismo de escravos adultos e o parentesco espiritual nas Minas setecentistas". Comunicação publicada nos *Anais da V Jornada Setecentista*, Curitiba, 26-28 nov. 2003, p. 11.

33 ACMRJ, "Habilitação matrimonial de Ignacio Monte e Victoria Correa" (1757), cx. 1 649, not. 22 119.

34 Já no início da década de 1720 há registros de escravos Coura em Minas Gerais. Fernanda Domingos estudou a irmandade de Nossa Senhora do Rosário, de Mariana, onde os Coura eram majoritários. Fernanda Domingos Pinheiro, *Confrades do Rosário: sociabilidade e identidade étnica em Mariana — Minas Gerais (1745-1820)*. Dissertação (Mestrado em história) — Niterói: Universidade Federal Fluminense, 2006.

35 BN-RJ, "Regra ou estatutos", fl. 22.

36 Em 1783, o testamento foi transcrito em seu assento de óbito. ACMRJ, "Livro de testamentos e óbitos da Sé, 1776-1784. Testamento de Ignacio Gonçalves do Monte (1783)", fl. 442-44.

37 Diz o testamento: "Cujos assentos e declarações faço em um livrinho que tenho na minha gaveta, aonde trago as mais cousas de valor de que minha mulher de tudo tem perfeito conhecimento e o dito livrinho tem 75 folhas, rubricadas com o meu nome ou apelido, Monte. Tudo quanto estiver assentado e declarado nele por minha letra, é a mesma verdade. Os ditos assentos e declarações de dívidas, os faço em uma página conforme o número das folhas e as saídas em fronte como livros de deve, e o de haver dos homens de negócio". ACMRJ, "Livro de testamentos e óbitos da Sé, 1776-1784. Testamento de Ignacio Gonçalves do Monte (1783)", fl. 443v.

38 ACMRJ, "Livro de testamentos e óbitos da Sé, 1776-1784. Testamento de Ignacio Gonçalves do Monte (1763)", fl. 442-44.

39 BN-RJ, "Regra ou estatutos", fl. 41.

40 No Daomé, a morte do rei era mantida em segredo até o anúncio do nome do sucessor, responsável pelas cerimônias funerárias do rei morto. Nesse processo, as mulheres, especialmente as mães dos pretendentes, tinham participação importante. Edna G. Bay, *Wives of the Leopard. Gender, Politics, and Culture in the Kingdom of Dahomey*. Charlottesville: University of Virginia Press, 1998.

41 Monte escreveu seu próprio testamento: "O qual testamento por assim o querer, o fiz de minha letra e sinal hoje cidade de São Sebastião do Rio de Janeiro dia mês e ano ao princípio declarado. Ignacio Gonçalves do Monte". ACMRJ, "Livro de testamentos e óbitos da Sé, 1776-1784. Testamento de Ignacio Gonçalves do Monte (1763)", fl. 444.

42 Robert Cornevin, *Histoire du Dahomey*, op. cit., p. 140-41.

43 Patrícia Porto de Oliveira, "Batismo de escravos adultos e o parentesco espiritual nas Minas setecentistas", op. cit., p. 11.

44 Para o manuscrito de Des Marchais: Bibliothèque Nationale de France/Gallica. Des Marchais (chevalier), "Journal de Voiage de Guinneé es Cayenne par le chevalier des Marchais Capitain comendant [...] fregatte de la Compag. des Indes, l'expedition pend.^{t} les anneés 1724, 1725 es 1726 enrichy des plus.^{res} cartes es figures. Companhie des Indes", *c*. 1726. fl. 63 (manuscrito); Robin Law, *The Slave Coast of West Africa 1550-1750*, op. cit., p. 189.

45 Na Bahia, onde os africanos da Costa da Mina eram mais numerosos que no Rio de Janeiro, o termo *Mina* pouco aparece. Lá eram identificados como Jeje (falantes de línguas *i*) e Nagô (falantes da língua iorubá). Pierre Verger, *Fluxo e refluxo do tráfico de escravos entre o golfo do Benin e a Bahia de Todos os Santos dos séculos XVIII a XIX. 3.ª ed.* São Paulo: Editora Corrupio, 1987, apêndice III, p. 669-75.

46 Sobre a língua geral da mina, ver: Antonio da Costa Peixoto. *Obra nova da língua geral de mina* [manuscrito de 1741]. Lisboa: Agência Geral das Colônias, 1945. Para edição recente comentada dessa obra, ver: Yeda Pessoa de Castro, *A língua Mina-Jeje no Brasil. Um falar africano em Ouro Preto do século XVIII.* Belo Horizonte: Fundação João Pinheiro. 2002.

47 Em 1790, João Luiz de Figueiredo aparece como capitão da 3.ª companhia do Regimento dos Pretos do Rio de Janeiro, da qual faziam par-

te Ignacio Monte e Gonçalo Cordeiro; e em 1813 está indicado como sargento-mor do Regimento ("sargento-mor João Luiz de Figueiredo, natural da Costa da Mina"). Fonte: Michel Mendes Marta, *Em busca de honras, isenções e liberdades: as milícias de homens pretos forros na cidade do Rio de Janeiro (meados do século XVIII e início do século XIX)*. Dissertação (Mestrado em história) — Niterói: Universidade Federal Fluminense, 2013, p. 68 e 129. Um capitão João Luiz de Figueiredo aparece no The Transatlantic Slave Trade Database em sete viagens, entre 1789 e 1796, seis delas de Luanda para o Rio de Janeiro (8 308, 8 341, 8 348, 8 358, 8 376, 8 387) e uma de Luanda para a Bahia (40 332). As seis primeiras transportaram cerca de trezentos africanos cada. Na viagem para Salvador desembarcaram 488 africanos.

48 BN-RJ, "Regra ou estatutos", fl. 23.

49 ACMRJ, "Livro de testamentos e óbitos da Sé, 1776-1784. Testamento de Ignacio Gonçalves do Monte (1763)", fl. 442-44.

50 Boaventura Fernandes Braga é "*Aeolû Cocoti de Daçâ*". *Aeolû*, possivelmente rei da terra (*Ayé Olu* em iorubá). Já *de Daçâ* se refere a Dassa, localidade de população de língua iorubá no interior do território Makii. O mesmo acontece com o cargo de José Luiz, dito "*Ajacôto, chaûl de Za*". Za (hoje Zagnanado) é uma localidade próxima a Abomé (capital do Daomé) que em 1742 foi atacada pelo exército de Oió, resultando em muitos prisioneiros a serem escravizados. Agradeço ao historiador Robin Law e a Claude Roger Gbaguidi, de Savalu, entrevistado por mim em Abomé Calavi (2003), as informações para a identificação desses cargos e títulos.

51 Essas expressões aparecem em vários momentos do texto. BN-RJ, "Regras ou estatutos", fl. 3, 23, 20, 35, entre outros.

52 Essa obra tem duas edições, a primeira de 1594, do próprio autor na tipografia do pai; e a segunda, ampliada, de 1749. Não pude

identificar qual das edições foi consultada por Souza. A extensão dos trechos copiados indica que teve acesso direto ao livro. Pedro de Mariz, *Diálogos de varia historia em que summariamente se referem muytas cousas antiguas de Hespanha c* [sic] *todas as mais novaues q*[ue] *em Portugal acontecerão em suas gloriosas conquistas antes e depois de ser levantado a Dignidade Real, e outras muytas de outros reynos dignas de memoria: com os retratos de todos os Reys de Portugal.* Coimbra: Officina de Antonio de Mariz, 1594.

53 Robin Law, *The Slave Coast of West Africa*, op. cit., p. 309-11.

54 Olfert Dapper. *Description de l'Afrique*. Amsterdam: Chez Wolgang, Waeberge, Boom & van Someren, 1686, p. 308-9.

55 BN-RJ, "Regra ou estatutos", fl. 60 (40). Diz a frase: "O seu rei, é mui poderoso, chamava-se pelos naturais, Bá Benim, e o que presentemente está governando, chama-se pelos mesmos naturais, Dallicá". Segundo Kathy Curnow, historiadora da arte e da história do Reino do Benim, esta pode ser a primeira referência ao título "Bá" na documentação hoje conhecida. Se a descrição recolhida por Souza é anterior a 1786 (podendo ser anterior à década de 1730), sua presença no texto permite estimar a existência do título pelo menos desde meados do século XVIII. Agradeço a Kathy Curnow a generosa conversa sobre o tema.

56 BN-RJ, "Regra ou estatutos", fl. 45-46.

57 O diálogo foi também usado como ferramenta narrativa nos autos teatrais e nos vocabulários. No Brasil, entre os autos teatrais destaca-se a obra do padre José de Anchieta (1534-97). Os vocabulários precederam os dicionários e mais que o significado das palavras mostram o uso da língua, motivo pelo qual recorrem ao diálogo. Um vocabulário da chamada "língua geral da Mina" circulou em Minas Gerais em meados do século XVIII. Ver Yeda Pessoa de Castro, *A língua Mina-Jeje no*

Brasil: um falar africano em Ouro Preto do século XVIII. Belo Horizonte: Fundação João Pinheiro, 2002.

58 No século XVIII, era usual a leitura oral pública nas igrejas e sociedades literárias. Para um estudo sobre diálogos, ver: Jochen Mecke, "Dialogue in narration (the narrative principle)". In: Tulio Maranhão (ed.), *The Interpretation of Dialogue*. Chicago; Londres: University of Chicago Press, 1990.

59 Platão. *A República*. São Paulo: Difusão Europeia do Livro, 1965, v. 1, livro III, p. 158.

60 BN-RJ, "Regra ou estatutos", fl. 45.

61 Mecke diferencia o diálogo do gênero agônico, no qual a existência de um juiz que sentencia permite aos demais permanecerem com suas posições, já que não cabe a nenhum deles a palavra final. Jochen Mecke, "Dialogue in narration", op. cit., p. 207.

62 BN-RJ, "Regra ou estatutos", fl. 3

63 BN-RJ, "Regra ou estatutos", fl. 3, 1, 37.

64 Para a reforma do compromisso e a criação do Império, ver: Mariza de Carvalho Soares, *Devotos da cor*, op. cit., cap. 5.

65 BN-RJ, "Regra ou estatutos", fl. 1.

66 Sobre a Ilustração portuguesa no Brasil, ver Maria Odila L. S. Dias, "Aspectos da Ilustração no Brasil". *Revista do* IHGB, v. 278, jan.-mar. 1968, p. 105-70.

67 BN-RJ, "Regra ou estatutos", fl. 48.

68 Platão, *A República*, op. cit., p. 71.

69 BN-RJ, "Regra ou estatutos", fl. 2, 5.

70 Segundo Platão, "quando surge um personagem indigno do narrador, este desdenhará de imitá-lo [...] terá vergonha de desempenhar

um papel que nunca praticou e repelirá a ideia de amoldar-se e adaptar-se ao padrão de pessoas inferiores a ele, às quais despreza de todo o coração" (Platão, *A República*, op. cit., p. 76).

71 BN-RJ, "Regra ou estatutos", fl. 14, 39. Para uma análise da atuação de Victoria no interior da Congregação, ver Mariza de Carvalho Soares, "Can Women Guide and Govern Men? Gendering Politics among African Catholics in Colonial Brazil". In: Gwyn Campbell, Suzanne Miers, Joseph C. Miller (ed.), *Women and Slavery. Volume II — Americas.* Ohio University Press, 2007, p. 79-99.

72 BN-RJ, "Regra ou estatutos", fl. 19-24.

73 Também a poesia recorreu a personagens e fatos históricos. É o caso do poema épico "Uraguai", de Basílio da Gama (1769), que narra a disputa entre portugueses e espanhóis na região de Sete Povos das Missões.

74 Arquivo da Irmandade de Santo Elesbão e Santa Efigênia (AISE-SE), "Compromisso da Irmandade de Santo Elesbão e Santa Efigênia". Cópia manuscrita do século XX, sem indicação de fonte, usada para transcrição. Existem pelo menos mais duas cópias da mesma documentação: uma de 1836, no Arquivo Nacional do Rio de Janeiro; e outra em Lisboa, consultada por Didier Lahon, *Esclavage et Confréries Noires au Portugal Durant l'Ancien Régime (1441-1830).* Tese (Doutorado em antropologia) — École des Hautes Études en Sciences Sociales, 2001, 2 v., CD-ROM.

75 AHU-Lisboa, "Compromisso da Devoção de Nossa Senhora dos Remédios".

76 Assinam com seus nomes ou sinais: Francisco Alves de Souza e Rita Sebastiana de Souza (regente da Congregação e sua esposa), Luiz de Figueiredo (vice-regente da Congregação), Gonçalo Cordeiro (secretário da Congregação e interlocutor de Souza no diálogo),

Antônio Costa Falcão (presente no dia em que Monte designou Souza seu regente) e Boaventura Fernandes Braga (segundo-secretário da Congregação). O documento traz ainda os sinais de "[...] de Carvalho, Marçal Soares, Luiz Roiz + de S.a [...] do Espirito Santo, João José Pinheiro e João Euzebio Gomes [...]".

77 O Manuscrito Makii foi exposto na *Exposição de história do Brazil em etnographia brasílica como parte da classe de história natural*, realizada pela Biblioteca Nacional do Rio de Janeiro, e inaugurada em 2 de dezembro de 1881. No catálogo consta: "11447 — Regras ou Estatutos por modo de Hûm Dialogo [...] Não traz data. Letra do xviii século. Cópia. In-fol de 49 (alias 69)" (p. 1007). *Catálogo da Exposição de História do Brasil*. Rio de Janeiro: Typographia G. Leuzinger & Filhos, 1881. Edição fac-similar pela Editora da UnB, 1981, t. ii.

———

CRONOLOGIA DA CONGREGAÇÃO MAKII (P. 163-68)

1 ACMRJ, "Livro de batismo de escravos. Freguesia da Sé. 1726-1733", "Batismo de Pedro Mina", fl. 38; BN-RJ, "Regra ou estatutos", fl. 22.

2 "Documento 1: Provisão de dom António de Guadalupe (bispo do Rio de Janeiro) que concede aos pretos Minas da Freguesia da Candelária autorização para se formarem em irmandade (1740)". A correspondência referente à tramitação da aprovação da irmandade está transcrita no arquivo da irmandade em in-fólio com o título "Compromisso da Irmandade de Santo Elesbão e Santa Efigênia" (cópia do século xx). Existe outra cópia da mesma documentação, mais antiga, no Arquivo Nacional (século xix). Sobre essa documentação, ver Mariza de Carvalho Soares, *Devotos da cor: identidade étnica, religiosidade e escravidão no Rio de Janeiro, século xviii*. Rio de Janeiro: Civilização Brasileira, 2000 (capítulo 5).

3 BN-RJ, "Regra ou estatutos", fls. 21-22.

4 ACMRJ, "Habilitação matrimonial de Ignacio Monte e Victoria Correa".

5 Ibid.

6 ACMRJ, "Documento 3: Provisão de confirmação de quatro capítulos a favor da Irmandade de Santo Elesbão e Santa Efigênia (1748)".

7 BN-RJ, "Regra ou estatutos", fl. 21.

8 ACMRJ, "Habilitação matrimonial de Ignacio Monte e Victoria Correa".

9 Arquivo Nacional (RJ), "Escritura de carta de alforria de Ignacio Mina". 2.º Ofício de Notas do Rio de Janeiro, série Livro de Notas 76, fl. 17v; ACMRJ, "Habilitação matrimonial de Ignacio Monte e Victoria Correa".

10 ACMRJ, "Habilitação matrimonial de Ignacio Monte e Victoria Correa".

11 BN-RJ, "Regra ou estatutos", fl. 22.

12 ACMRJ, "Testamento de Ignacio Gonçalves do Monte", fl. 442-44.

13 AISESE, "Compromisso da Irmandade de Santo Elesbão e Santa Efigênia".

14 ACMRJ, "Habilitação matrimonial de Francisco Alves e Rita Sebastiana" (1777).

15 ACMRJ, "Habilitação matrimonial de Francisco Alves e Rita Sebastiana" (1777).

16 O manuscrito permite entender que Monte ficou doente e ainda governou por dois anos antes de morrer, em dezembro de 1783. BN-RJ, "Regra ou estatutos", fl. 4, 13.

17 Monte chama Souza a sua casa para indicá-lo como seu substituto. BN-RJ, "Regra ou estatutos", fl. 13.

18 BN-RJ, "Regra ou estatutos", fls. 13, 22.

19 ACMRJ, "Registro de óbito de Ignacio Gonçalves do Monte", fl. 442v.

20 BN-RJ, "Regra ou estatutos", fl. 13.

21 BN-RJ, "Regra ou estatutos", fl. 17.

22 BN-RJ, "Regra ou estatutos", fl. 18.

23 BN-RJ, "Regra ou estatutos", fls. 18-19.

24 BN-RJ, "Regra ou estatutos", fls. 26-27.

25 BN-RJ, "Regra ou estatutos", fl. 44.

26 BN-RJ, "Regra ou estatutos", fl. 36.

27 BN-RJ, "Regra ou estatutos", fl. 36.

28 AHU-Lisboa, "Compromisso da Confraria de Nossa Senhora do Remédio", fl. 5.

29 AHU-Lisboa, "Compromisso da Confraria de Nossa Senhora do Remédio", fl. 10v.

30 ACMRJ, "Livro de Óbitos e Testamentos da Freguesia da Sé" (1790--97), fls. 70-70v.

31 ACMRJ, "Habilitação matrimonial de Gonçalo Cordeiro e Elena Garcia", cx. 1799, not. 27 653, fl. 11.

32 Cordeiro é identificado como alferes do Terço dos Homens Pretos. ACMRJ, "Habilitação matrimonial de Gonçalo Cordeiro e Elena Garcia", cx. 1799, not. 27 653, fl. 11,16.

ANEXOS (P. 178-208)

1 Arquivo Nacional (RJ), 2.º Ofício de Notas do Rio de Janeiro, série Livro de Notas, 76, fl. 17v.

2 ACMRJ, "Testamento de Ignacio Gonçalves do Monte". Transcrito no "Livro de Testamentos e Óbitos, Freguesia da Sé, 1776-1784", fls. 442v-44 (ou livro 18 da Freguesia da Sé).

3 ACMRJ, "Habilitação matrimonial de Francisco Alves de Souza e Rita Sebastiana de Souza", cx. 3 084, not. 75 190 (1777).

4 AHU-Lisboa, "Compromisso da devoção de Nossa Senhora do Remédio. Capela de Santa Efigênia no Rio de Janeiro", AHU códice 1 300. As primeiras quatro folhas estão em branco.

CRÉDITOS DAS ILUSTRAÇÕES

p. 11: *Regra ou estatutos por modo de Hûm Dialogo onde, se dá notiçias das Caridades e Sufragaçoens, das Almas, que uzam os prettos Minnas, com seus Nancionaes no Estado do Brazil, expeçialmente no Rio de Janeiro, por onde se hão de regerem, e gôvernarem, fora detodo, o abuzo gentílico, e Supersticiozo; composto por Françîsco Alvês de Souza pretto, e natural do Reino deMakim, hûm dos mais, exçelente E potentados daqûela ôriunda Costa da Minna*, fl. 1. Acervo da Fundação Biblioteca Nacional — Brasil

p. 109: *Regra ou estatutos por modo de Hûm Dialogo onde, se dá notiçias das Caridades e Sufragaçoens, das Almas, que uzam os prettos Minnas, com seus Nancionaes no Estado do Brazil, expeçialmente no Rio de Janeiro, por onde se hão de regerem, e gôvernarem, fora detodo, o abuzo gentílico, e Supersticiozo; composto por Françîsco Alvês de Souza pretto, e natural do Reino deMakim, hûm dos mais, exçelente E potentados daqûela ôriunda Costa da Minna*, fl. 36. Acervo da Fundação Biblioteca Nacional — Brasil

p. 124 (à esquerda): Arquivo da Venerável Irmandade de Santo Elesbão e Santa Efigênia. Impressos avulsos. Wikimedia

p. 124: Augusto Maurício, *Templos históricos do Rio de Janeiro*. 2.ª ed. Rio de Janeiro: Gráfica Laemmert Ltda., 1946

p. 125: Carlos Julião, *Riscos iluminados de figurinhos de brancos e negros dos uzos do Rio de Janeiro e Serro do Frio*, prancha s/n.º. Publicada em Carlos Julião (aquarelas por). *Riscos iluminados...* Rio de Janeiro: Biblioteca Nacional, 1960, prancha xxxix. Acervo da Fundação Biblioteca Nacional — Brasil

p. 138-39: Luís dos Santos Vilhena, *Prospecto da cidade de São Sebastião do Rio de Janeiro: situado no Brasil na América Meridional pelos 23 graos de latitude e 342 graos e 22 minutos de longitude meridional. Copiado exatamente do que se deixou em 1775*. Disponível em BN Digital: https://bndigital.bn.gov.br/artigos/prospecto-da-cidade-de-sao-sebastiao-do-rio-de-janeiro-planta-ydografica-da-famoza-bahia-do-rio-de-janeiro-e-planta-da-cidade-de-sao-sebastiao-do-rio-de-janeiro/. Acervo da Fundação Biblioteca Nacional — Brasil

p. 147: Robert Durand, *Journal de bord d'un negrier, 1731-1732* (folhas não numeradas). Beinecke Rare Book and Manuscript Library. Yale University

p. 149: Archibald Dalzel, *The History of Dahomy an Inland Kingdom of Africa* (1793). Londres: Frank Cass & Co. Ltd., 1967. The New York Public Library

AGRADECIMENTOS

Ao longo dos vinte anos em que me debrucei sobre o Manuscrito Makii, contei com a colaboração de muitas instituições e pessoas. Seria impossível citar a todos, mas alguns agradecimentos são imprescindíveis. O primeiro é ao Departamento de História da Universidade Federal Fluminense (UFF), onde a valorização da pesquisa criou as condições para que esse trabalho pudesse ser realizado. O recurso mais regular veio de uma bolsa de produtividade em pesquisa do Conselho Nacional de Desenvolvimento Científico e Tecnológico (CNPq). Tive também sucessivos financiamentos do Tubman Centre, depois Tubman Institute, da York University/Canadá e da Vanderbilt University, que me abriram contatos internacionais e me permitiram viajar ao Benim para melhor conhecer os Makii na África.

A publicação do Manuscrito Makii é resultado de muito trabalho de pesquisa mas também da colaboração de outros profissionais. Na Biblioteca Nacional, contei com o apoio de Carmen Moreno (seção de manuscritos) e Monica Carneiro Alves (seção de iconografia). Elisée Soumonni, Hebe Mattos, Ismênia de Lima Martins, Jane Landers, João José Reis, Paul Lovejoy e Robin Law colaboraram comigo em diferentes períodos. Paula Covington, bibliotecária da Vanderbilt University, atendeu a meus complicados pedidos para leitura de obras inacessíveis no Brasil. Meus assistentes de pesquisa, alunos do Departamento de História da UFF — Luciana Gandelman, Eduardo Cavalcante, Monica Monteiro, Juliana Barreto Farias, Michel Mendes Marta e Douglas Corrêa Santos —, têm minha eterna gratidão. João José Reis recomendou a publicação deste livro à Chão Editora. Desde então, foram dois anos de trabalho. Na revisão final da transcrição do manuscrito, fui socorrida por Regina Wanderley e Jaime Antunes, que muito melhor que eu conhecem os segredos da paleografia.

Nada disso teria sido possível se lá atrás, em 1994, eu não tivesse sido acolhida pelos membros da Irmandade de Santo Elesbão e Santa Efigênia. Dr. Américo Bispo da Silveira, já falecido, autorizou minha consulta aos arquivos da irmandade; dr. Roberto Machado Passos me incentivou, acompanhou e rezou por mim ao longo dos anos. A eles devo o que de mais impactante pode acontecer a um historiador: encontrar um documento, decifrá-lo e através dele devolver a seus descendentes e continuadores um pouco de sua história.

Este livro foi composto em Freight text em maio de 2019.